장예모 영화에 나타난
중국어와 중국 문화

장예모 초기 영화 읽기

장예모 영화에 나타난 중국어와 중국 문화
-붉은 수수밭(紅高粱), 국두(菊豆), 홍등(大紅燈籠高高掛)

최병규 편

한국문화사

장예모 영화에 나타난 중국어와 중국 문화

1판 1쇄 발행 2012년 8월 30일
1판 2쇄 발행 2021년 8월 30일

지 은 이 | 최병규
펴 낸 이 | 김진수
펴 낸 곳 | 한국문화사
등   록 | 제1994-9호
주   소 | 서울시 성동구 아차산로49, 404호(성수동1가, 서울숲코오롱디지털타워3차)
전   화 | 02-464-7708
팩   스 | 02-499-0846
이 메 일 | hkm7708@hanmail.net
홈페이지 | http://hph.co.kr

ISBN 978-89-5726-980-0 93720

· 이 책의 내용은 저작권법에 따라 보호받고 있습니다.
· 잘못된 책은 구매처에서 바꾸어 드립니다.
· 책값은 뒤표지에 있습니다.

■ 서문

　　장예모는 중국의 제5세대 감독 가운데 가장 걸출한 인물로서 중국 영화사는 물론 세계영화사상 기적을 창조해낸 인물로 평가되고 있다. 그가 지금까지 받은 수많은 賞이 말해주듯 그는 실로 해외에서 가장 영향력이 있는 중국을 대표하는 영화감독임은 아무도 부인할 수 없다. 그가 20여 년에 걸쳐 높은 인기를 누리며 창작한 많은 작품 가운데 초기 작품이자 그의 3단계 창작단계 중 제1단계에 속한다고 할 수 있는 붉은 수수밭(紅高粱, 1987), 국두(菊豆, 1990), 홍등(大紅燈籠高高掛, 1991) 등은 특히 예술성이 뛰어난 걸작으로 평가되고 있다. 흔히 "비극적 붉은색 傳奇"로 불리는 장예모의 제1단계에 해당하는 이 세 편의 작품은 모두 강렬한 붉은 색채를 내세워 중국의 전통문화를 신랄하게 풍자하고 있으며, 장예모의 그 어떤 작품보다도 사상성과 예술성이 뛰어난, 가장 그를 대표하는 작품이라고 볼 수가 있다.

　　이 책은 장예모의 초기 대표작들을 통해 그의 예술세계를 소개하고자 함은 물론, 영화 속의 대사를 통해 중국어를 공부하고자 하는 사람들에게 좋은 중국어 교재로서의 역할을 담당하고자 지어졌다. 세상에는 좋은 중국어 교재가 넘쳐나고, 사실 중국어를 가르치는 교재에 크게 우열이 있는 것은 아니다. 무슨 교재든 자신의 수준에 맞는 한 가지를 선택하여 열심히 읽고 외우면 어떤 교재든 훌륭한 교재가 될 수 있다. 문제는 학습자들의 흥미와 관심인데, 좋은 교재는 학습자들의 그것을 얼마나 많이 이끌어내는가에 달린 듯하다. 근자에는 판에 박힌 일상대화를 가르치는 딱딱한 중국어 교재에서 탈피하여 흥미있는 중국 문화를 통하거나 노래나 영화를 통해 가르치는 등 다양한 방식의 중국어 교재가 많이 나오고 있는 실정이다. 이 책도 이런 조류의 일환으로 학생들의 흥미를 자연스럽게 유발시키는 동시에 중국 영화 예술에 대한 이해와 중국어 습득을 일석이조로 해결하고자 하는 취지에서 편찬된 것이다.

이 책에서는 모두 3편의 장예모 영화를 소개하고 있다. 사실 한 권의 책에 1편의 영화를 소개하는 것이 상례이나 3편을 소개함은 학생들에게 더 많은 장예모 영화의 내용을 전달하려는 지은이의 욕심에서이다. 또 책 한 권에 한 편의 영화만을 언급하면 학생들의 집중이 흐려지고 지루한 감이 생길까 두려워해서이기도 하다. 대신 책의 편폭상 3편 영화 속 대사는 취사선택을 통해 비교적 중요하다고 생각되는 것들만을 추려서 소개하였다. 허나 영화 속의 주요 대사들은 거의 채택되어 소개되었다고 자부한다. 이 책의 또 다른 특이한 점은 중국어 낱말을 소개할 때, 중국어의 발음기호인 한어병음을 옆에다 명기하지 아니한 점이다. 이는 학습자들이 직접 사전을 통해 찾아서 기입하거나 영화를 통해 발음을 들어서 스스로 알도록 하기 위함이다.

모쪼록 이 책이 단순히 중국어를 가르치기 위한 교재로서만이 아니라 장예모 영화예술을 이해하는 이론서로서의 역할도 동시에 수행하기를 바라는 마음이다. 끝으로 이 책에 나타난 많은 미비한 점에 대해선 독자 제현들의 많은 지적과 수정을 바라는 바이다.

최병규 씀

■ 차례

서문 / 5
장예모(張藝謀)에 대하여 / 9
    1. 약력 ·· 9
    2. 성장배경과 구체적인 작품 이력 ························ 9

제1편 붉은 수수밭(紅高粱) ··· 17
    1. 영화의 줄거리 ·· 17
    2. 영화의 배경과 주제사상 ·································· 21
    3. 감상 포인트 ·· 23
    4. 영화 속의 대사 ·· 27
    5. 영화 속 문화풍경 ·· 56

제2편 국두(菊豆) ··· 59
    1. 영화의 줄거리 ·· 59
    2. 영화의 배경과 주제사상 ·································· 61
    3. 감상 포인트 ·· 65
    4. 영화 속의 대사 ·· 68
    5. 영화 속 문화풍경 ·· 93

제3편 홍등(大紅燈籠高高掛) ······································· 97
    1. 영화의 줄거리 ·· 97
    2. 영화의 배경과 주제사상 ································ 100
    3. 감상 포인트 ·· 102
    4. 영화 속의 대사 ·· 104
    5. 영화 속 문화풍경 ·· 139

후기 / 141

장예모(張藝謀)에 대하여

1. 약력

중국의 유명 영화감독. 2008년 북경올림픽 개막식 총감독. 중국의 제5세대 감독의 대표. 미국 보스톤대학, 예일대학 명예박사. 중국에서 국제적으로 가장 명성이 높은 감독. 국제영화제에서 다수의 대상을 획득. 초기의 작품은 주로 중국의 전통문화를 다룸. 예술적 특징은 진실감 풍부한 묘사와 낭만적인 색채감을 동시에 운용. 2002년 무협영화의 거작(巨作) "영웅(英雄)"으로 중국 영화의 대작시대를 선포. 영화의 풍격은 과감한 창신(創新)과 제재의 광범위함에 있음. 매번 영화가 상영될 때마다 큰 이슈가 됨. 장예모가 이끄는 이른바 "모여랑(謀女郞)(장예모의 여자)"는 미디어와 대중들의 관심의 초점이 됨.

2. 성장배경과 구체적인 작품 이력

장예모(본명: 張詒謀, 1950.11.14~)는 현재 중국을 대표하는 가장 영향력이 있는 영화감독으로 섬서성(陝西省) 서안(西安)에서 평범한 노동자 계층에서 태어났다. 당시 그의 모친은 서안에 있는 한 병원의 의사였다고 한다. 그러나 부친의 친척 가운데 지주계층이 있어 장예모 집안은 이에 연루되어 1968년 중학교를 졸업한 그도 섬서성 건현(乾縣) 봉양진(峰陽鎭) 유가촌(劉家村)에서 차뚜이(揷隊~문화대혁명시기에 농촌으로 내려가 인민공사의 생산부대에 들어가 노동에 종사하거나 혹은 그 곳에 정착해서 사는 것을 말함.)로 3년간 일하다가 나중에는 섬서성 함양시(咸陽市)의 면방직공장에서 노동자로 7년간 일했다.

공장 노동자로 일할 당시 장예모는 사진촬영에 관심이 매우 많아 일을 마치면 언제나 야외로 나가 사진을 찍었다고 한다. 공장 내에서도 그의 사진기술은 인정받아 광고선전부에서 종종 그를 찾아 일을 부탁하기도 했다. 그 시기에 그는 문화대혁명 이전에 북경전영학원(北京電影學院)에 합격하였다가 동란시기를 맞아 입학시기를 놓쳐버린 한 예술가를 만나게 되는데, 그는 장예모의 사진작품을 보고는 극찬을 하며 북경전영학원 촬영과(撮影科)에 한번 응시하도록 권하였다. 그리고 문혁(즉 문화대혁명)이 끝난 후 인민일보에 실린 북경전영학원에서 학생을 모집한다는 광고를 보고 그는 자신의 사진작품들을 챙겨 곧 바로 북경으로 향했다. 시험관들은 그의 작품을 보곤 일제히 칭찬을 하였다. 그러나 당시 27살이었던 그는 22살의 연령제한에 걸려 입학이 불가능했다. 그런데 길인(吉人)은 하늘도 돕는다고 그는 한 친구의 도움으로 자신의 작품을 당시 문화부 부장이었던 황진(黃鎭)에게 직접 보여주는 행운을 얻었고, 그의 재주를 아꼈던 황진은 1978년 파격적으로 그를 북경전영학원의 학생으로 받아주도록 하였다. 그리고 1982년 북경전영학원 촬영과를 졸업 후 그는 광서전영제편장(廣西電影制片場)의 촬영기사로 근무하면서 본격적으로 영화인생을 시작하게 된다.

▮그림 1▮ 중년 시기   ▮그림 2▮ 청년 시기

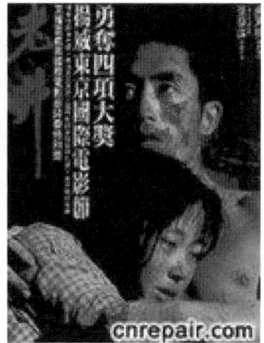

▮그림 3▮ 소년 시기   ▮그림 4▮ 출연영화 老井

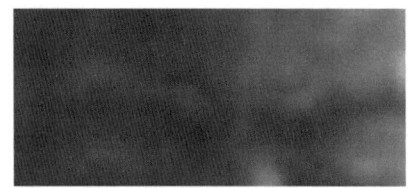

┃그림 5 ┃ 출연영화 秦俑

┃그림 6 ┃ 鞏俐와 함께

　사실 장예모가 영화계에서 두각을 나타낸 것은 단지 "홍고량(紅高粱)"에서부터 비롯된 것은 아니다. 그보다 몇 년 전인 1984년 막 대학졸업과 더불어 "한 개와 여덟 개(一個和八個)"라는 영화의 촬영을 맡아 주목받기 시작하였고, 또 같은 해에 "황토지(黃土地)"라는 영화의 촬영을 맡아 독창적인 미학적 경지를 개척하여 중국의 제5회 "금계(金鷄)" 영화상에서 최고 촬영상을 받았다. 이로부터 그는 유명 촬영가의 반열에 오르게 된다. 또 1986년에는 "대열병(大閱兵)"이란 영화의 촬영도 맡았는데 역시 사회적으로 큰 반향을 일으켰다. 그리고 1987년에 우연한 기회로 "노정(老井)"이란 영화의 주인공으로 발탁되었는데, 직접 농촌생활을 경험한 그로서는 남주인공인 지식청년의 역할을 매우 성공적으로 그려낼 수가 있었다. 그는 이 연기로 일본 제2회 동경국제영화제의 최고 남배우상을 받았으며, 제8회 중국 "금계" 영화상의 최고 남자주연상과 제11회 대중영화 "백화(百花)" 영화상의 최고 남배우상을 받으면서 그는 유명 촬영기사와 배우, 그리고 나중에는 유명 감독이 됨으로써 그야말로 세 부분의 영역을 모두 석권하게 된다. 그러나 그 후로는 거의 감독에 전념하였으며, 주연으로 출연한 영화는 몇 편 찾기 힘들다.

장예모의 영화는 민족과 사회, 그리고 문화적 뿌리에 대한 성찰과 영화로서의 창신(創新)을 모두 추구하고 있다. 특히 그는 영화 언어의 잠재력과 영화 속 구도의 힘, 그리고 풍부한 이미지와 색채를 잘 활용한 비상규적(非常規的) 스크린의 조형으로 관중들에게 강렬한 시각적 충격을 던져줌으로써 독특한 예술적 경지를 이루어내고 있다고 할 수 있다. 시기별 주요 작품을 열거하면 다음과 같다.

  1984年 : 《一個和八個》 촬영
  1984年 : 《黃土地》 촬영
  1986年 : 《大閱兵》 촬영
  1987年 : 《老井》 주연
  1987年 : 《紅高粱》 감독
  1989年 : 《古今大戰秦俑情》 주연
  1989年 : 《代號美洲豹》 감독

1990年 : 《菊豆》 감독
1991年 : 《大紅燈籠高高掛》 감독
1992年 : 《秋菊打官司》 감독
1994年 : 《活著》 감독
1995年 : 《搖啊搖, 搖到外婆橋》 감독
1996年 : 《有話好好說》 감독
1996年 : 《盧米埃與四十大導》 감독/배우
1997年 : 《투란도트》 (오페라, 이탈리아 플로렌스 오페라당) 감독
1998年 : 《투란도트》 (大型露天實景 오페라, 中國 紫禁城太廟) 감독
1998年 : 《一個都不能少》 감독
1999年 : 《我的父親母親》 감독
2000年 : 《大宅門》 배우
2000年 : 《幸福時光》 감독
2001年 : 《大紅燈籠高高掛》 (대형 3막 발레극) 편집, 감독, 예술총감독
2001年 : 《新北京, 新奧運》 (北京 2008年 올림픽 선포 선전영화) 총감독
2002年 : 《英雄》 감독
2002年 : 上海 2010年 세계박람회 선포 선전광고 총감독
2003年 : 《투란도트》 (大型露天實景 오페라, 한국 상암 월드컵체육관) 감독
2003年 : 《中國印象·舞動的北京》 (北京 올림픽 선포의식 선전영화) 총감독
2003年 : 成都 도시 이미지 宣傳片 감독
2004年 : 《十面埋伏》 감독
2004年 : 大型山水 實景演出 《印象·劉三姐》 (桂林) 총감독
2005年 : 《千裏走單騎》 감독

2005年 : 《투란도트》(大型露天實景 오페라, 프랑스 체육관) 감독
2006年 : 大型山水實景演出《印象·麗江》총감독
2006年 : 《滿城盡帶黃金甲》감독
2006年 : 《秦始皇》(오페라, 미국 메트로폴리탄) 감독
2007年 : 北京 올림픽 성화 선전 광고 감독
2007年 : 大型山水實景演出《印象·西湖》총감독
2007年 : 칸느 영화제 60주년 기념 단편집──《每人一部電影》之 《看電影》감독
2008年 : 제29회 하계 올림픽, 제13회 하계 장애인 올림픽 개폐막식 총감독
2009年 : 大型山水實景演出《印象·海南島》총감독
2009年 : 中華人民共和國成立60周年 경축연회행사 총감독
2009年 : 《투란도트》(大型露天實景 오페라, 국가체육관 "鳥巢") 감독
2009年 : 《三槍拍案驚奇》감독
2010年 : 山水實景演出《印象大紅袍》총감독
2010年 : 《山楂樹之戀》감독
2011年 : 《金陵十三釵》감독
2011年 : 大型山水實景演出《印象武隆》예술고문
2011年 : 《張藝謀的作業》자서전 정식출판
2012年 : 《투란도트》(大型實景 오페라, 英國 런던 올림픽 주경기장) 감독

제1편 붉은 수수밭(紅高粱)

1. 영화의 줄거리

┃그림 7┃ 영화의 포스터

젊은 처녀 九兒(화자의 할머니)는 고량주를 만드는 양조장 주인 이대두(李大頭)라는 50대의 문둥병 남자에게 시집가기 위해 가마에 실려 십팔리파(十八里坡)라고 하는 이웃마을로 들어간다. 그 길은 인적이 드문 길로 길 양옆으로 야생 수수가 끝없이 지천으로 자라고 있는 곳으로 낮에도 귀신이 출몰해 현지인들도 지나기 꺼려하는 길이다. 현지인들의 풍습은 가마를 타고 이곳을 지나는 새신부들을 한바탕 골탕을 먹였는데, 여점오를 중심으로 한 가마꾼들은 구아가 탄 가마를 마구 흔들어 고통으로 그녀는 결국 울음을 터트리고, 그제서야 그들은 짓궂은 장난을 멈춘다.

그런데 얼마를 갔을까 중도에서 복면을 한 강도 하나가 총을 들고 나타나 가마꾼들을 제압하고 구아를 끌고 수수밭으로 들어가려고 하는데, 그 순간 틈을 탄 여점오가 선두로 하여 그를 덮치고, 이어진 가마꾼들의 발길질에 그 복면강도는 숨을 거둔다. 그 과정에서 구아는 여점오를 눈여겨보게 되고, 여점오도 그녀에 대해 추파를 보내며 속으로 자신의 여자로 만들려는 생각을 하게 된다.

화면이 바뀌며 구아는 컴컴한 이대두의 집에서 첫날밤을 기다리는데, 남편인 이대두의 얼굴은 보이지 않고 양조장의 지배인격인 나한(羅漢) 아저씨가 옆방에서 초조히 촛불을 밝히는 장면이 나타난다. 그리고 옆방에서는 구아의 외마디 비명소리가 들린다. 구아는 이렇게 이대두의 처가 되었지만 신혼 사흘 후에 부친을 따라 친정으로 가는 길에서 역시 복면을 한 괴한에 의해 납치된다. 그 괴한은 구아를 낚아채어 깊은 수수밭 속으로 들어갔고 소변을 보러 간 줄로만 안 부친은 그 사실을 몰랐다. 괴한은 다름 아닌 여점오였는데, 그의 얼굴을 보고 구아는 반항하지 않고 스스로 몸을 허락한다.

┃그림 8 ┃ 영화의 포스터

　다시 양조장 시댁으로 돌아왔을 때 이대두는 누군가에 의해 피살이 되었고(영화에서는 아마도 여점오가 한 것이라고 화자는 말하고 있다.), 졸지에 주인마님이 된 구아는 이대두를 대신하여 양조장을 지휘한다. 한편 구아가 양조장의 주인으로 들어온 후, 여점오는 술에 취한 채 찾아와 그가 그녀를 정복한 사실을 폭로하고, 이로 인해 화가 난 구아로부터 한바탕 매를 맞는다. 이어 여점오가 술에 취해 사흘간을 술독에서 잠을 자고 있을 때, 지방의 깡패인 독삼포(禿三炮)가 마을을 찾아와 구아를 납치하였고, 그녀는 사흘이 지난 후에 겨우 몸값을 지불하고 풀려난다. 여점오는 술이 깬 후 자신의 여자가 독삼포로부터 납치되었다가 수모를 겪고 풀려난 것을 알고 복수를 위해 그가 있는 곳으로 곧장 달려가 복수를 하려고 하는데, 그가 구아의 몸을 건드리지 않았다는 것을 알고는 그를 용서한다.

한편 구아는 타고난 화통한 성격과 친화력으로 인해 양조장을 잘 이끌어 가는데 구아에 의해 첫 번째의 술이 빚어지던 날, 여점오는 그날 축하자리에 나타나 한바탕 훼방을 놓고 마치 짐승을 낚아채듯 구아를 허리에 꿰차고 그녀의 방으로 들어간다. 이로부터 여점오는 구아의 남편 노릇을 하며 사내아이를 낳고 함께 살아간다.

그런데 그들의 평화로운 삶도 잠시, 마을에 일본군들이 나타나 도로를 설치한다는 명목 하에 수수밭을 없애고 일본군에 대항하는 세력을 없애는데, 이 과정에서 독삼포와 나한 아저씨가 일본군들의 만행에 의해 잔인하게 처형된다. 나한 아저씨의 죽음을 본 구아는 그의 복수를 위해 남편은 물론 양조장의 사람들을 모아 일본군의 탱크에 대항하기 위한 성전을 준비한다. 그러던 어느 날 그녀가 사람들에게 줄 음식을 매고 가던 중에 일본군의 총에 맞아 죽게 되며, 다른 주민들도 일본군의 탱크에 화염병을 투척하며 몸으로 돌진하다가 모두 장렬히 죽어간다. 유독 여점오와 그의 아이만이 살아남아 울음도 잊은 채 일식의 장관을 연출하는 붉은 태양과 그 아래에서 바람에 흩날리는 수수들을 바라보며 넋을 잃고 서 있는데, 아이는 엄마의 죽음을 애도하듯 만가(輓歌)를 목청

껏 부르며 영화는 막을 내린다.

2. 영화의 배경과 주제사상

이 영화는 중국의 당대 작가 막언(莫言)(1955~)이 1987년에 지은 "홍고량(紅高粱)"(■ 이에 비해 "홍고량가족(紅高粱家族)"이라는 그의 소설은 2005년에 출판된 장편소설이다.)이라는 중편소설을 영화로 개편한 것이다. 이 소설이 민족주의와 일본군에 대항하는 여점오(화자의 할아버지)의 활약상에 비중을 두었다면 영화는 나(我)라는 화자(話者)를 통해 자신의 할머니의 묘사에 더 많은 비중을 두었다고 볼 수가 있다. 영화는 구아라는 여성을 통해 중국여성의 지혜와 용기, 그리고 호방함과 의리 등을 잘 표현하고 있으며, 반면 남성인 여점오는 장예모 초기 영화에 나타난 양성관계에서 대개 그러하듯 여성인 구아에 의해 끌려 다니는 듯한 인상을 주고 있다. 소설 속의 배경은 1920~40년대 중국 북방(중국 산동성(山東省) 고밀(高密))의 시골마을에 위치한 양조장이다. 그러나 영화 속의 배경은 중국 서북지방 황토고원 사람들의 모습을 보여주고 있다. 이를테면 중국 서북인들의 전형적인 방의 구조인 토항(土 炕)(흑으로 만든 온돌방)과 황토벽, 그리고 격창(格窓)과 전지(剪紙) 등과 같은 생활문화가 이를 잘 말해주고 있다.

이 영화의 주제는 붉은 수수밭을 배경으로 살아가는 중국 북방인들의 호방하고 활기찬 야성적인 삶과 들판에서 왕성하게 자라는 야생 수수와도 같은 그들의 야성적이고 화끈하며, 강렬하고도 왕성한 원시 생명력에 대한 예찬을 그 주제로 하고 있다. 영화 속 이런 원시성과 야성에 대한 예찬은 여점오가 구아를 겁탈하여 고량지(高粱地)에서 야합하는 부분의 묘사에 있어 마치 신성한 의식을 치르듯 과장적으로 표현한 수법이나 토삼포의 주점 속 벽에 양생 동물들의 뿔이나 가죽들이 걸려있는 배경 등을 통해서도 잘 나타나고 있다. 등장인물 가운데에는 여주인공 구아의 호방한 성격과 의리를 위해 목숨도 불사하는 강렬한 개성, 그리고 남주인공 여점오의 사랑에 대한 집착과 용기 등을 통해 중국 북방인들의 야성적인 강한 생명력을 잘 표현하였다. 또 야만스런 침략자인 일본군의 등장과 함께 외부의 문명에 의해 선량한 인성을 지닌 순수한 중국인들이 수난당하는 모습을 보여줌으로써 강한 민족의식도 동시에 내포하고 있기도 하다.

이 영화는 강렬한 붉은 색채를 통해 주제인 생명과 열정을 강렬하게 잘 표현한 것으로도 유명하다. 이 영화의 감독인 장예모는 본래 촬영가 출신인 까닭에 색감에 대한 처리가 매우 훌륭한 것이 특징이다. 붉은 수수 열매의 붉은 빛과 그것으로 만든 고량주의 붉은 색, 여주인공의 옷과 얼굴의 붉은 빛, 여주인공이 탄 붉은 꽃가마, 여주인공이 죽은 후 온통 붉은 화면 속 태양의 일식장면 등과 같은 초현실주의적 풍격의 짙은 홍색의 색채는 주제의식을 더욱 고조시킴과 동시에 관객들로 하여금 깊은 인상과 여운을 느끼게 하는 데에도 한 몫을 하고 있다.

이 영화를 통해 우리는 술에 대한 중국 북방인들의 생각을 읽게 된다. 영화 속에서 구아는 "남자는 술을 마셔야 한다"는 말을 하며 어린 아들에게까지 술을 권한다. 또 나한 아저씨의 복수를 위해 구아가 사람들을 모아놓고 술을 마시며 의기투합하는 장면을 통해서는 술은 바로 단합과 의리를 상징하는 것임도 보여준다. 이백의 장진주와 같은 중국 당대(唐代) 문인들의 음주에 관한 시를 통해서도 우리가 알 수 있듯이 이 영화 속에서 큰 그릇에다 술을 따라 단숨에 들이키는 장면들은 바로 호방한 중국북방문화를 잘 대변한다고 하겠다.

　장예모 초기영화에서 대개 그러하듯 이 영화 속에 나타난 중국남성들의 모습은 여성에 비해 어리석고 무능함이 잘 드러나고 있다. 많은 수의 건장한 가마꾼들이 가짜 총을 든 한 명의 나약한 강도에게 제압당하는 모습이라든지 또 몇 번의 발길질에 죽어버리는 나약한 강도를 통해서도 중국남성들의 어리석고 나약함이 풍자되고 있다. 영화 후반부에서는 일본군들의 침략에 의해 속수무책으로 당하는 중국인들의 모습도 나약함을 방증하고 있으며, 심지어 담대하게 묘사된 남주인공 여점오조차도 구아에게 한 바탕 매를 맞는 모습이라든지 독삼포의 가게에서 공짜 음식을 먹으려다가 부하들에게 비굴하게 잘못을 비는 장면 등등을 통해서도 중국남성에 대한 이 영화 감독의 신랄한 풍자성이 엿보인다고 하겠다.

3. 감상 포인트

　장예모 감독의 영화 "홍고량"은 중국의 유명 작가 막언(1955~)의 소설 "홍고량"을 모태로 하고 있다. 소설 "홍고량"이 일제에 항거한 선조들의 영웅적 의거에 초점이 맞춰진 반면, 영화 "홍고량"은 현실성을 다소 배제하고 인간의 원시야성에 대한 예찬에 그 초점을 두고 있다. 또 소설 속 여주인공 구아는 막언의 말과 같이 요염하여 색기가 철철 넘치는 매우 활발한 성격의 여성이지만 영화 속의 구아는 그렇지가 못하다. 그런 이유로 막언이 처음 여주인공 공리의 수수하고 여학생 같은 모습을 보고는 매우 실망했다고 한다. 그러나 결과는 장예모가 영화를 통해 또 다른 모습의 구아를 재창조하여 성공을 거두었던 것이다.

1988년 이 영화가 베를린 영화제에서 수상한 후, 장예모 감독은 인터뷰를 통해 다음과 같은 얘기를 하였는데, 이 영화를 이해하고 감상하는 데 참고할 필요가 있다.

> 내게 왜 "붉은 수수밭"이라는 제목을 즐겨 소재로 삼았는가에 대해 묻는다면 나는 촬영팀들과 함께 산동성의 고밀(高密)에서 백여 무(畝)의 수수를 심었던 일에 대해 얘기하지 않을 수가 없습니다. 그때, 나는 매일 그곳 주위에서 맴돌며 수수밭에 물을 주고 풀을 뽑았습니다. 수수는 원래 물을 참 좋아하여 한바탕 비라도 내리면 수수밭 주위엔 사방으로부터 요란스러운 소리가 들립니다. 수수 한그루 한그루가 아이를 낳는 것처럼 입으론 '웅웅' 그리고, 몸 전체로부터는 부스럭거리는 소리를 내며, 마디마디가 위를 향해 뻗습니다. 그 수수들 사이에 몸을 담고 있으면 마치 대자연의 큰 산실(產室)에 있는 듯합니다. 보이는 것은 모두 녹색의 세상이며, 들리는 것은 모두 '웅웅'그리는 소리이고, 눈 가득한 생령(生靈)의 활기를 볼 수 있습니다. 처음 막언의 소설을 읽을 때의 느낌도 그 수수밭에서 느끼는 것과 같은 감정이었습니다. 소설 속의 수수밭, 그 신령스러운 일들, 그 남자와 여자, 모두가 호방하고 밝았으며, 광달하고 활발하였습니다. 살아있든지 죽어가든지 그들은 온몸으로 열정과 활기를 열광적으로 내뿜었고, 사람으로서의 자유와 즐거움을 자기 마음껏 드러내었습니다.
>
> (要問我拍《紅高粱》有什麽想法, 爲什麽那麽喜歡這個題材, 我得先談談攝制組在山東種那百十畝高粱的事兒. 那些日子, 我天天

在地裏轉, 給高粱除草澆水。高粱這東西天性喜水, 一場雨下過了, 你就在地裏聽, 四周圍全是亂七八糟的動靜, 根根高粱都跟生孩子似的, 嘴裏哼哼著, 渾身的骨節全發脆響, 眼瞅著一節一節往上躥。人淹在高粱棵子裏, 直覺得仿佛置身於一個生育大廣場, 滿世界都是綠, 滿耳朵都是響, 滿眼睛都是活脫脫的生靈。我當初看莫言的小說, 就跟在這高粱地裏的感覺一樣, 覺著小說裏的這片高粱地, 這些神事兒, 這些男人女人, 豪爽開朗, 曠達豁然, 生生死死狂放出渾身的熱氣和活力, 隨心所欲地透出做人的自在和歡樂。)

拍~ 두드리다, (영화나 사진 등을) 찍다	渾身~ 혼신, 온몸
種~ 심다	骨節~ 뼈마디
轉~ 돌아다니다	脆響~ 사각사각하는 소리
除草澆水~ 풀을 제거하고 물을 주다	發響~ 소리를 내다
天性~ 천성	眼瞅~ 눈으로 보다
喜~ 좋아하다(喜歡)	躥(cuan, 一聲)~ 위로 도약하다
四周圍~ 사방 주위	置身~ 몸을 두다
亂七八糟~ 엉망진창이다	豪爽開朗~ 호방(탕)하고 활발하다
動靜~ 동정, 소리	曠達豁然~ 광달하고 활달하다
跟~ 似的~ ~와 유사하다	隨心所欲~ 욕망대로 마음대로 하다
哼哼~ 헝헝거리다	自在~ 자유스러움

또 그는 이 영화의 주제에 대해서도 다음과 같이 피력하였다.

  이 영화는 인물들의 개성에 대한 묘사를 통해 생명에 대해 찬미하고 있습니다. 생명이 끝없이 뿜어내는 활력과 자기 마음껏 펼치는 자유와 같은 것들에 대해 찬미하는 것입니다.

(是要通過人物個性的塑造來贊美生命, 贊美生命的那種噴湧不盡的勃勃生機, 贊美生命的自由、舒展.)

塑造~ 창조(하다)
贊美~ 찬미(하다)
噴湧不盡~ 끊임없이 분출하다
勃勃生機~ 발랄한 생기
舒展~ 마음껏 펼침

■ 영화 속의 명대사~

■ 你這小娘們脫了褲子還行, 提了褲子你就不認我.
(你個娘們, 脫了褲子和我風流快活, 穿上褲子你就不認帳了.)
(너희 젊은 여자들이란 바지를 벗을 때는 괜찮다고 하고선, 바지를 올리면 사람을 모른 척하기야? -너희 여자들은 바지를 벗을 때는 나와 즐거워 날뛰다가, 바지를 입고 나면 모른 척 시치미를 띠는 거야?)

脫褲子~ 바지를 벗다
行~ 괜찮다
提褲子~ 바지를 올리다
風流快活~ 즐기며 기뻐하다
不認帳~ 장부를 인정하지 않다, 오리발을 내밀다

■ 영화 속의 명장면~

이 영화 속의 많은 장면 가운데 가장 인상적인 장면을 이야기하자면 단연 여점오가 구아를 납치하여 수수밭 속으로 안고 들어가 두 남녀가 하나가 되는 장면과, 여점오가 양조장의 구아를 찾아와 막 빚은 술단지를 향해 오줌을 갈기는 장면, 그리고 맨 마지막 여점오가 아들과 함께 붉은 태양을 응시하며 비장하게 서 있는 장면일 것이다. 이들 장면에서는 대사도 전혀 없지만 이 영화의 주제를 매우 효과적으로 잘 표현한 의미심장한 부분이다. 특히 수수밭에서의 야합 장면은 '둥둥' 울리는 북소리 배경음악과 함께 남녀가 마치 신성한 의식을 치르는 듯 인상 깊다.

4. 영화 속의 대사

1) 구아의 다사다난한 신혼~

아버지에 의해 문둥병 늙은이에게 강제로 시집가게 된 구아는 가마타고 시집가는 날부터 혹독한 시련을 맞이한다. 현지의 전통에 따라 가마꾼들은 신부를 난폭하게 흔들기 시작했으며, 또 도중에 복면강도를 만나 납치될 위기에 처하기도 하였다. 그리고 결혼 후 남편의 갑작스런 살인에 의한 사망과 결혼 사흘 만의 가마꾼 여점오에 의한 겁탈과 야합 등 그녀의 결혼은 매우 순탄치 못했다. 더구나 지방의 깡패인 토삼포에 의해 납치된 후 보상금을 치르고 풀려나기도 한다. 그러나 그녀는 타고난 친화력으로 양조장을 잘 이끌어나간다.

■ 我給你說說我爺爺我奶奶的這段事.
　(저의 할아버지와 할머니의 이 사건에 대해 이야기해 드리겠습니다.)

　爺爺~할아버지, 奶奶~할머니, 這段事.~이 일, 이 사건

■ 這段事在我老家至今還常有人提起.
　(이 사건은 우리 고향에서 아직까지 사람들의 입에 오르내리고 있다.)

　老家~고향　　至今~지금까지(到現在)　　提~말을 꺼내다

■ 日子久了, 有人信也有人不信.
　(세월이 지나니 믿는 사람도 있고, 믿지 않는 사람도 있다.)

　日子久~세월이 오래되다　　信~믿다

■ 娶我奶奶的是, 十八里坡燒酒作坊的掌櫃李大頭,
　(우리 할머니를 신부로 맞이한 사람은 십팔리 언덕에서 소주공방을 하는 주인 이대두였다.)

　娶~신부로 맞이하다. 결혼하다.　　奶奶~ 할머니　　燒酒作坊~소주공방
　掌櫃~주인장(老闆에 비해 옛스러운 표현임.)

■ 50多歲了還娶上這門親.
　(50이 넘었지만 이 혼사를 올렸다.)

　親~혼사(여기서 門은 혼사에 대한 量詞에 해당한다.)

■ 因爲人們都知道了他有痲風病.

(왜냐하면 사람들이 모두 그가 문둥병이 있다는 것을 알기 때문이었다.)

麻風病~문둥병

┃그림 9 ┃ 가마타고 시집가는 날

- 坐轎不能哭, 哭轎吐轎沒有好報.
 (가마에 앉아선 울면 안 되고, 울거나 토하거나 하면 복이 나간다.)

　轎~ 가마(轎子)　　坐轎~가마에 앉다　　哭轎~ 가마 안에서 울다
　吐轎~ 가마 안에서 토하다　　好報~좋은 결말(好報應, 好結果. 예. 好人有好報.)

- 蓋頭不能掀, 蓋頭一掀必生事端.
 (머리덮개는 벗겨선 안 되고, 벗기면 반드시 사단이 일어난다.)

　蓋~ 덮다　　掀~ 벗기다　　事端~사단

- 照那會的規定(矩), 半道上要折騰新娘子.
  (그 곳의 규칙에 의하면 중도에서 신부를 괴롭혀야 했다.)

  照~ ~에 따르면, ~에 따라(按照)   規定~ 규칙(規則, 規矩)
  半道上~중도에서(半路上)   折騰~ 괴롭히다   新娘子~ 신부

‖그림 10‖ 신부 괴롭히기

- 那天擡轎子的, 吹喇叭的, 都是李大頭的伙計.
  (그날 가마를 들고 나팔을 분 자들은 모두 이대두의 일꾼이었다.)

  擡~두 손으로 들다   吹喇叭~나팔을 불다   伙計~직원(職員)

- 只雇了一個轎把子, 他是方圓百里有名的轎夫, 後來就成了我爺爺.
  (다만 한 명의 가마꾼을 고용하였는데 그는 방원 백리 내에서 유명한 가마꾼이었으며 나중엔 나의 할아버지가 되었다.)

雇~고용하다   轎夫~가마꾼(轎把子)   成了~ ~가 되다   爺爺~ 할아버지

- 當爹媽的心太恨了, 見錢眼開啊!
  (아빠엄마가 되는 사람들의 마음이 너무 독하군, 돈을 보고 눈이 번쩍 떠였군.)
  ....
  當~ ~가 되다   爹~ 아버지(爸爸)   恨~독하다(恨毒)
  見錢眼開~ 돈을 보고 눈이 열리다

┃그림 11 ┃ 가마 속의 구아

- 你可不能讓李大頭沾身, 不能啊! 沾了身你也就爛了.
  (이대두에게 절대 몸을 접촉해선 안돼! 그러면 너도 몸이 문드러져.)
  ....
  沾~닿다. 접촉하다.   爛~썩다

- 要是後悔還來得及, 哥哥們再把你擡回去.

(만약 후회한다면 지금도 늦진 않아, 오빠들이 다시 너를 데리고 돌아가면 돼.)

....

要是~ 만약(如果)　　後悔~후회하다　　還~ 아직
來得及~늦지 않다(반의어는 來不及)

■ 這地方不知道從哪年起, 長出了百十畝高粱, 沒人種也沒人收.
(이 곳은 어느 해부터 시작된 지는 모르나 백여 묘의 고량이 자랐는데 아무도 심지 않았고 아무도 거두어들이지도 않았다.)

....

長出了~ 자라나다　　種~심다　　收~수확하다

■ 老家的人都說這是野高粱, 還說這常鬧鬼.
(고향사람들은 모두 말하길 그것은 야생 고량이며, 그곳은 늘상 귀신이 출몰한다고도 하였다.)

....

野~야생의, 야하다　　鬧鬼~귀신이 출몰하다

■ 快掏錢, 不然老子就開槍了! 解褲帶!
(돈을 꺼집어 내! 그렇잖으면 이 어르신이 총을 쏠 거야! 바지띠를 풀어!)

....

掏~꺼집어내다　　老子~자신을 높여 하는 말　　開槍~총을 쏘다
解~ 풀다　　褲帶~ 褲子的帶子

■ 把錢和褲帶都擱到這來.
(돈과 바지띠를 모두 여기다 놓아!)

....

褲帶~바지띠　　擱~두다(放)

■ 都給老子滾到轎子後頭去.
(모두 가마 뒤로 꺼져!)

....

　　滾~꺼지다　　　後頭~ 뒤(반의어는 前頭)

■ 不許回頭! 誰回頭就打死誰.
(돌아보면 안돼! 누구든 돌아보면 총을 쏠 테다.)

....

　　不許~ ~하면 안 돼!(別, 不要)　　回頭~고개를 돌리다(回首)

■ 死了! 這麼不經打!
(죽었네! 어찌 이렇게도 맷집이 없지!)

....

　　不經~ ~를 견디지 못하다

■ 十八里坡這地方周圍沒什麼人家, 再加上掌櫃的有痲風病, 除了買酒的, 很少有人上這來.
(십팔리파 여기 주변에는 인가가 없었고, 게다가 주인은 문둥병이 있어 술을 사는 자 외에 여길 오는 자가 거의 없었다.)

....

　　坡~ 언덕　　周圍~ 주위(周邊)　　人家~인가
　　再加上~더더구나　　除了~ ~를 제외하곤

■ 新婚三天接閨女, 是我老家的風俗.
(신혼 삼일 만에 딸을 친정으로 데려가는 것은 우리 고향의 풍속이었다.)

....

　　接~마중, 영접하여 받아들이다(반의어는 送)　　閨女~딸　　風俗~ 風俗習慣

- 那天, 我奶奶她爹接她回門.
  (그 날 우리 할머니 아버지가 그녀를 집으로 데려가셨다.)

  回門~집으로 데려가다

- 多大的氣派! 張口就給咱一大黑騾子.
  (얼마나 통이 커! 대번에 우리한테 큰 노새 하나를 주었잖아.)

  多大的~ 얼마나 큰   氣派~스케일, 스케일이 있다   張口~입을 열다, 단번에(一口氣)   騾子~노새(말의 암컷과 당나귀 수컷 사이에서 태어난 교배종이다. 수컷 노새는 생식능력이 없다. 당나귀는 **驢子**라고 한다. 노새의 크기는 말과 당나귀의 중간이다.)

- 你不願意歸不願意 你拿什麽剪子?
  (니가 원치 않는다는 건 그렇다 치더라도 가위는 왜 쥐고 있어?)

  願意~ 원하다   歸~ 돌아가다, ~로 치다   剪子~가위(剪刀)

- 閨女, 你跑那麽快干啥?
  (딸아! 너 왜 그리 빨리 달려?)

  干啥~干什麽

- 你這一泡尿, 咋尿了這麽老半天! 你是咋尿的?
  (무슨 오줌을 그렇게 하루 종일 누었어! 오줌을 어찌 싼 거야?)

  尿~ 오줌   泡尿~ 오줌을 누다   咋~ 什麽   老半天~ 하루 종일

┃그림 12 ┃ 노새 타고 친정으로 가는 길

┃그림 13 ┃ 도중의 야합

- 唱戲的, 你給我出來. 你他媽的, 陰不陰陽不陽的, 胡唱些什麼 歪腔邪調, 邪調歪腔的?
  (노래하는 놈 어서 나타나 봐! 제기랄, 귀신도 아니고 사람도 아니고 무슨 되지도 않은 노래를 부르고 지랄이야?)

唱戱~노래를 부르다   他媽的~빌어먹을, 얼어 죽을, 제기랄, 씨 등의 의미
陰不陰 陽不陽~음도 아니고 양도 아니다 즉 귀신도 아니고 사람도 아니다(예
男不男 女不女)   胡唱~엉터리로 노래를 부르다   歪腔邪調(혹은 邪調歪
腔)~ 질 낮은 못 부르는 노래

- **你逞啥能? 不吃飯, 想成仙啦? 掉到福窩窩裏, 還整天五迷三道的轉不過來.**
 (왜 고집을 부리고 있어! 밥도 안 먹고 신선 될래? 복 속에 빠져 그 속에서 헤어나질 못하는 애 같으니!)
 ....
 逞能~ 고집부리다(동의어는 逞强)   成仙~ 신선(神仙)이 되다
 福窩~ 복구덩이   五迷三道~ 미혹된 모양

- **往後看啦, 李家的財産都歸你.**
 (훗날을 보면 이씨 집의 재산도 모두 너한테 돌아갈 거야.)
 ....
 往後看~ 뒤를 보다   財産~재산   歸~돌아가다, 귀속되다

- **人活一世, 圖個咋?**
 (사람이 한평생을 살면서 무엇을 바라겠니?, 사람이 한 평생 살아가는 것이 뭐 대단해!)
 ....
 活~ 살아가다, 생활하다   一世~ 한 세상,한 평생   圖~도모하다, 바라다

- **嫁了人, 死活都是李家的人了.**
 (시집을 갔으면 죽든 살든 이씨 집의 사람인 거야.)
 ....
 嫁人~시집가다   死活~죽든 살든, 죽음과 삶

- 狗雜種, 想不認你爹? 沒那麼便宜.
 (개 같은 것! 니 애비도 몰라 봐? 그리 쉽게 되진 않을거야.)
 ....
 雜種~ 잡종(욕), 狗가 들어가 더욱 욕이 심화됨.　　認~인정하다　　便宜~쉽다
 沒那麼便宜~ 니 뜻대로 호락호락 되진 않을 거다, 沒那麼容易와 같은 의미다.

- 大壯, 二壯, 咱還是走了算了. 哪都能混飯吃?
 (대장, 이장! 우리 떠나버리고 말자구! 어딘 들 밥 굶겠어?)
 ....
 還是~ 그래도, 역시, 여전히　　算了~ ~할 따름이다, ~하고 치워버리다
 混飯吃~그럭저럭 밥을 먹고 지내다

- 前兩天縣上來了幾個人, 查了三天, 連個影都沒見着.
 (며칠 전에 현에서 몇 명이 나왔는데 사흘을 조사했지만 흔적도 찾지 못했어.)
 ....
 前兩天~며칠 전　　查~조사하다, 調査　　連個~ ~조차도
 影~그림자, 흔적　　見着~ 보게 되다

- 這老家伙沒積什麼德, 反正是仇家干的.
 (이 늙은 놈은 그리 음덕을 쌓지 못했으니 여하튼 원수가 한 짓이야.)
 ....
 家伙~ 녀석, 놈　　積德~덕을 쌓다　　反正~여하튼　　仇家~원수

- 看, 人家是沒砸箱子沒撬鎖, 要的是他的命.
 (봐! 그들은 상자를 부수지도 열쇠를 비틀어 놓지도 않았어. 그들이 필요한 건 목숨이었어.)

砸~부수다   撬鎖~열쇠를 비틀어놓다

- 這娘們, 也不省油, 你沒看太平了幾天.
  (이 여자도 보통이 아니야. 며칠간 조용하다고 넘어가선 안돼.)

  不省油~ 만만하지 않다. 不是省油的燈

- 自打擡轎那天, 她就和轎行裏的轎頭, 眉來眼去的.
  (가마를 들고 올 때부터 그녀는 그 전문 가마꾼과 눈이 맞았어.)

  自打~ 自從, 從   眉來眼去~눈이 맞다, 추파가 오가다

- 管那麽多干嘛! 咱明天還是早起收拾收拾東西走. 少惹事, 少生非.
  (그렇게 신경 쓸게 뭐 있어! 우리는 내일 일찍 물건을 꾸려 떠나면 돼! 쓸데없는 일에 관여하지 않으면 시비도 안 생겨!)

  管~ 관여하다, 간섭하다   早起~ 일찍 일어나다   收拾東西~물건을 수습하다   惹事~ 사단(말썽)을 일으키다   生非~ 비난을 얻다

- 你這老沒正經的.
  (넌 언제나 진지하지가 못해!)

  老~ 언제나   正經~진지한, 진지하다

- 這高粱酒能消千病百毒, 掌櫃的小心在意.
  (이 고량주는 모든 병독을 없앨 수가 있어요. 주인장은 조심하세요.)

消~ 없애다, 소멸하다(消滅)　　千病百毒~천가지 병과 백가지 독
小心在意~조심하다(在意도 小心과 같은 의미로 중복사용임.)

- 凡事還得您張羅着.
  (매사를 당신이 준비해야 합니다.)

  凡事~모든 일　　得~ ~해야 하다　　張羅~준비하다, **籌備**

- 我一個女人家, 全仗大家伙幇忙了.
  (난는 여자이니 모든 일을 여러 사람들이 도와줘야 해요)

  全~ 전부, 모두　　仗 ~의지하다　　幇忙~도와주다

- 要是實在不願意干的, 想走, 也不强留. 這個月的工錢照發.
  (만약에 정말 일하기 싫다면 억지로 만류하진 않아요. 이번 달의 임금비는 여전히 드리고요.)

  要是~ 만약　　實在~ 정말로　　强留~ 억지로 남게 하다　　工錢~ 임금, 노임, 工資, 薪水　　照~ 여전히　　發~ 주다(給) (예, 發薪水)

- 咱這買賣辦成了, 人人都有一份.
  (우리 여기 사업이 성공되면 사람마다 제 몫이 있어요.)

  買賣~ 장사,사업　　辦成~ 일이 성공하다　　人人~ 사람마다　　份~ 몫

- 往後別再喊我掌櫃的, 我也是窮人家的.
  (앞으로 다신 저를 주인님이라고 부르지 마세요. 저도 가난한 집 출신이

에요.)

喊~고함치다, 부르다(叫, 稱)　　窮人家~가난한 집

■ 這後院, 原先大伙不敢進, 怕染上病, 咱們也清洗清洗.
(이 후원에 원래 사람들이 들어가길 싫어한 건 병에 감염될까 두려워서죠. 우리가 좀 깨끗이 씻어봅시다.)

原先~원래　　大伙~ 사람들, 大家　　染上病~병에 감염되다　　清洗~청소하다(打掃)

■ 往後你就是當家的, 你就吩咐吧.
(앞으로 당신이 주인입니다. 분부를 내리세요.)

往後~ 앞으로　　當家的~주인(掌櫃)　　吩咐~분부, 분부하다

■ 凡是老掌櫃用過的, 摸過的, 能燒的就燒, 不能燒的就埋.
(뭐든 늙은 주인이 사용하거나 만졌거나 한 것은 태울 수 있으면 태우고 태울 수 없으면 땅에 묻어요.)

凡是~ 무릇　　摸~만지다　　燒~태우다　　埋~묻다, 매장하다

■ 今兒個咱就用高粱酒, 殺殺霉氣.
(오늘은 우리 고량주로 곰팡이 기운을 없애봐요.)

今兒個~今天의 북방어　　殺~ 죽이다　　霉氣~곰팡이 기운

2) 여점오의 출현~

구아와 야합을 치룬 여점오는 어느 날 취한 채 구아를 찾아와 자신이 그녀의 서방임을 사람들에게 얘기하며 그녀와의 관계를 폭로한다. 화가 난 구아는 그를 내치며 매질한다. 사흘간의 만취상태에서 깨어난 여점오는 구아가 독삼포에게 납치당한 후에 보석금을 내고 풀려난 것을 알고 그를 찾아가 따진다. 그가 그녀의 몸에 손을 대지 않은 것을 알고 그는 다시 되돌아온다. 구아가 처음으로 술을 빚던 날, 여점오는 다시 구아를 찾아와 술에다 오줌을 누며 난동을 피우다가 그녀를 안고 방안으로 들어가지만 아무도 그를 말리지 못했다. 이로써 그는 사실상 구아의 신랑이 되었으며, 구아를 돌보던 나한 아저씨는 양조장을 떠난다.

- 後來我把高粱鋪平了, 她就躺下了, 躺下我就痛快了.
  (나중에 내가 수수를 평평하게 깔아놓으니 그녀는 누웠어. 그녀가 누우니 나는 마음껏 즐겼지.)
  ....
  鋪~ 바닥에 깔다   鋪平~ 평평하게 깔다   躺下~ 눕다   痛快~ 통쾌하다

- 你這小娘們脫了褲子還行, 提了褲子你就不認我.
  (你個娘們, 脫了褲子和我風流快活, 穿上褲子你就不認帳了.)
  (너희 젊은 여자들은 바지를 벗으면 괜찮다고 하고선 바지를 올리면 사람을 모르는 척하는 거야?)
  ....
  提~ 올리다   風流快活~ 마음껏 놀며 즐거워하다   不認帳~ 오리발 내밀다

┃그림 14┃ 취중에 몰매를 당하는 여점오

- 李大都睡過你了? -睡了.
  (이대두와 잤어?- 잤어요.)

  ....

  睡~ 자다, ~와 자다(跟~上床의 의미이다.)

- 我爺爺在缸裏, 一躺就是三天.
  (할아버지는 독 안에서 한번 누으니 사흘이었다.)

  ....

  缸~ 항아리   一~就~ 한번 ~하면 ~하다

- 禿三炮綁走了我奶奶, 當時就撂下了話. 說是得馬上拿錢去贖人.
  (독삼포가 할머니를 납치하고는 바로 통지하길 얼른 돈을 가져와 사람을 데려가라고 했다.)

綁走~납치해가다　　 攃~放　　 贖~돈을 내고 저당 잡힌 것을 빼가다

▌그림15▐ 납치 후 석방

- 拿什麽下酒? -就有牛頭. -好, 牛頭就牛頭.
  (무엇으로 안주를 하나?-소머리만 있어. -좋아, 소머리면 소머리지.)

  下酒~안주(下酒物), 술을 마시다　　牛頭就牛頭~소머리라고 하면 소머리지 뭐!(예, 去就去, 有什麽了不起!)

- 吃就吃, 不吃就滾. -你他媽敢罵我.
  (먹으려면 먹고 안 먹으려면 꺼져.- 니가 씨 감히 날 욕해?)

  敢~ 감히 ~하다　　罵~욕하다

- 我今兒個還非吃牛肉不可.

(난 오늘 소고기를 먹지 않으면 안 되겠어.)

....

非(得)~不可~ ~하지 않으면 안 된다.

- 你安穩的坐着吧, 後生. 你也配吃牛肉? 牛肉是給三炮留的.
  (젊은 친구, 조용히 앉아 있어. 너도 소고기 먹을 자격이 있어? 소고기는 삼포에게 줄려고 남겨놓은 거야.)

  ....

  安穩的~ 편안하게   後生~ 젊은이   配~ ~할 자격이 있다.   留~ 남기다

- 你來吃翹食啊?-不要拉倒.
  (공짜음식 먹으려고 해?-싫으면 관 둬!)

  ....

  吃翹食~공짜 음식을 먹다   拉倒~버리다

- 去給我們當家的磕三個響頭, 要響.
  (우리 주인에게 세 번 머리 박고 절해. 머리 박는 소리가 나야 해.)

  ....

  磕頭~큰절을 하다   響~소리가 울리다

- 也不打聽打聽, 敢在這鬧事.
  (좀 알아보지도 않고선. 감히 여기서 소란을 피우다니.)

  ....

  打聽~ 이리저리 염문하여 알아보다   鬧事~소란을 피우다

- 小的我有眼無珠, 冒犯了您老人家. 剛才我是喝多了點, 跟老掌櫃鬧着玩.
  (소인이 눈은 있어도 눈동자가 없었네요. 어르신을 거스르게 했네요. 금

방 제가 술을 과하게 마셨습니다. 늙은 주인장과 장난을 좀 쳤습니다.)
....

小的~소인   有眼無珠~어리석어 사람을 알아보지 못하다. 동의어로 有眼不
識泰山이 있다.   喝多了點~ 술을 좀 많이 마시다   鬧着玩~장난치다

- 兄弟, 我跟你無怨無仇.
  (형씨! 난 당신과 아무 원한이 없어.)
  ....

  無怨無仇~원한도 복수관계도 없다

- 你他媽壞了我的女人.
  (너, 씨 내 여자를 망쳤잖아.)
  ....

  壞~망치다

- 痲風動過的女人我不沾.
  (문둥이가 만진 여자는 난 가까이 안 해!)
  ....

  沾~접촉하다

- 在這打死他, 髒了我的肉鋪.
  (여기서 그를 죽이면 내 고기가게가 더러워져.)
  ....

  髒~더럽다, 더럽히다   肉鋪~고기 가게

- 禿三炮你不仗義, 我剛才沒宰了你, 饒了你一條命.
  (독삼포 넌 의리가 없어. 내가 금방 널 죽이지 않았어. 너 목숨을 살려줬어.)

仗義~의리를 따르다(예, 行俠仗義)　　宰~(주로 동물을)죽이다(예, 烹羊宰牛)　　饒~ 용서하다(饒恕)　　饒命~목숨을 용서하다

- 這幾天多虧了羅漢大哥, 東挪西湊, 到處張羅着.
(요며칠 나한 오라버니가 수고가 많았어요. 이곳저곳을 돌아다니며 일을 준비했어요.)

多虧了~수고가 많다　　到處~도처에서

┃그림16┃ 석방 후 요양

- 今兒個是九月初九, 照老規矩, 咱們燒鍋上生火, 你不去看看? 散散心, 也壓壓驚.
(오늘은 구월 초 아흐레이니 우리 규칙에 따라 술가마에다 불을 피워야 합니다. 가서 보지 않으실래요? 기분도 전환하고 놀람도 좀 가라앉힐 겸해서요.)

照老規矩~오래된 규칙에 따라　　燒鍋~솥　　生火~불을 지피다
　　散心~기분전환하다　　壓驚~ 놀란 마음을 진정시키다.

- 也好, 來燒鍋上這麼些日子了, 還眞沒見過.
  (그것도 괜찮네요. 술도가에 온 지도 이렇게 지났지만 아직도 진짜 본 적이 없네요.)

　　也好~그것도 괜찮네요.

- 羅漢大哥, 往後別喊我掌櫃的. 就你一人老改不了.
  (나한 오라버니, 앞으로 저를 주인님이라고 부르지 마세요. 당신만 여전히 변하지 않네요.)

　　就~ 바로　　　老~언제나(老是, 總是)　　　改不了~변하지 않다

- 你眞行, 要是練練啊, 能喝一壺.
  (대단하네요! 만약 좀 연습한다면 한 주전자는 마시겠네요.)

　　眞行~정말 대단하다　　練~연습하다(練習), 단련하다(鍛鍊)　　壺~주전자

- 你看着, 我給你出糟.
  (봐요. 내가 술 찌꺼기를 걷어내 줄테니.)

　　糟~술 찌꺼기

- 我爺爺往酒簍子裏撒尿, 這本來是惡作劇. 可說來也怪, 這幾簍子酒倒成了好酒.

(할아버지는 술통 속에다 오줌을 누었는데, 이는 본래 나쁜 장난이었지만 이상하게도 그 술통 속의 술은 오히려 좋은 술이 되었다.)

……………………………………………………………………………

簍子~통   撒尿~오줌을 누다   惡作劇~나쁜 장난   說來也怪~말하자면 이상하게도   倒~오히려

■ 酒成了, 我在燒鍋上十幾年, 從來沒釀過這麼好的酒.
(술이 완성되었어요. 내가 술도가에서 몇 십년을 일했지만 여태껏 이렇게 좋은 술은 빚은 적이 없습니다.)

……………………………………………………………………………

釀酒~술을 빚다   從來沒~ 여지껏 ~한 적이 없다

■ 掌櫃的, 給酒起個名吧. 人記姓, 酒記名啊.
(주인님, 술에다 이름을 붙이세요. 사람은 성을 기록하고, 술은 이름을 적어야죠.)

……………………………………………………………………………

起名~取名   記~ 기록하다

■ 我羅漢爺爺當天夜裏就走了.
(우리 나한 할아버지는 그날 밤에 바로 떠났다.)

……………………………………………………………………………

當天~그날   夜裏~밤에

3) 일본군의 침략과 항일투쟁~

나한 아저씨가 떠난 후 9년 만에 일본군들이 마을에 침입해 들어왔다. 그들은 도로를 신설한다는 명목으로 수수밭을 허물고 사람들을 부역에

동원시켰다. 또 그들은 와중에 그들에게 반항하는 애국지사들을 잔인하게 살해하는데, 그 가운데 독삼포와 나한 아저씨도 끼어있었다. 나한 아저씨가 비참하게 살해되는 장면을 목도한 구아는 돌아와 사람들에게 복수할 것을 권유하였고 그들은 모두 복수를 결심한다. 마침내 일본군들을 무찌를 준비를 하던 중 구아는 총탄에 맞아 죽고, 다른 사람들도 일본군의 탱크를 향해 돌진하며 모두 장렬히 전사한다. 오직 여점오와 화자의 아버지만이 살아남아 하늘을 향해 우뚝 서 있다.

■ 一晃九年, 我們家的十八里紅出了名.
　(어느 덧 9년, 우리 집 십팔리홍도 유명해졌다.)
　..
　一晃~어느 덧　　出名~유명하다

■ 人們都說我爹是高粱地裏出的野種.
　(사람들은 모두 말하길, 우리 아버지는 수수밭에서 생겨난 야생 종자라고 했다.)
　..
　野種~ 야생 종자, 남녀가 야합해서 태어난 종내기

■ 一畝高粱九担半, 十個野種九個混蛋.
　(한 묘의 수수에 죽데기가 많듯이, 열 명의 야합 종자 가운데 아홉은 싹이 노랗다.)
　..
　混蛋~바보, 멍청이

■ 日本人說來就來, 那年七月, 日本人修公路修到了靑沙口.

(일본인은 온다면 왔다. 그 해 칠월에 일본인들은 도로를 짓는다고 하며 청사구까지 들어왔다.)

....

說來就來~ 온다면 오다(예, 說去就去)   修~ 짓다, 보수하다   公路~ 도로

┃그림 17 ┃ 일본군의 침략

■ 手藝不錯啊.
   -長官過獎, 長官過獎, 馬馬虎虎, 馬馬虎虎, 胡亂混口飯吃.
   (손재주가 괜찮군.
   - 상사님, 과찬이십니다. 대충합니다요. 그럭저럭 밥벌이나 합죠.)
....

手藝~ 손재간   過獎~ 과찬의 말씀   馬馬虎虎~ 대충 얼버무리다
胡亂~ 대충

■ 剝一個不過癮, 想讓你再剝一個.

(하나만 벗기면 양이 차질 않아, 너로 하여금 하나 더 벗기게 하고 싶어.)

剝~ (가죽 등을) 벗기다   過癮~양이 차다

■ 長官, 你可眞會開玩笑.
  - 誰跟你開玩笑.
  (상사님, 정말 농담도 잘 하십니다.
  - 누가 너하고 농담을 해.)

開玩笑~농담하다

■ 你還愣着干什麼?
  (너 아직 멍청히 뭐하는 거야?)

愣~멍하니 있다

■ 誰要是和皇軍做對, 這就是下場.
  (누구든 천황의 군대와 맞서면 이것이 바로 그 결과야.)

皇軍~天皇의 군대   做對~맞서다   下場~결말, 결과

■ 當家的, 這回你是過不了這一關. 我胡二也是沒法子.
  (주인님, 이번에 당신은 이 관문을 넘기지 못해요. 저 호이도 어쩔 수가 없어요.)

過關~관문을 통과하다   過不了~ 지나가지 못하다   沒法子~어쩔 수가 없다

제1편 붉은 수수밭(紅高粱) | 51

┃그림 18┃ 독삼포의 비참한 최후

- 翻臉不認人. 日本人的狗.
  (얼굴을 돌려 사람을 배반하고 모른 체 하다니, 일본인들의 개!)

  ....

  翻臉~배반(배신)하다

- 日軍抓民夫累計40萬人次, 修駐張平公路, 毀家河無數, 殺人逾千.
  (일본군들은 백성들을 40만명이나 잡아들여 도로를 건설하였고, 집과 강을 무수히 훼손하였으며, 사람도 천명이 넘게 죽였다.)

  ....

  抓~ 잡다, 잡아가다   民夫~ 백성(남자)   累計~누계, ~에 달하다.
  毀~ 훼손하다   逾~초과하다, 넘다(예, 年逾花甲)

▮그림 19▮ 일본군에게 피살되기 직전의 구아의 모습

- 劉羅漢在青沙口前被日軍剝皮凌隔示衆, 劉面無懼色, 罵不絕口, 至死方休.
(유나한은 청사구 앞에서 일본군에 의해 가죽이 벗겨져 매달린 채 사람들에게 공개되었으나 유는 얼굴에 두려운 빛이 없었고, 끝까지 그들을 욕하며 죽음에 이르렀으나 비로소 멈췄다.)

....

剝皮~ 박피(하다), 가죽을 벗기다   凌隔~메달다   示衆~대중에게 보이다
面無懼色~얼굴에 두려운 빛이 없다   罵不絕口~끝까지 욕하다
至死方休~죽음에 이르러서야 비로소 멈추다

- 別光顧睡覺, 小心你這家伙放不響.
(잠만 자지 말어, 그 물건이 터지지 않으면 안 되니 조심하라구.)

....

光~다만   顧~돌보다   家伙~여기선 물건을 뜻함
放不響~소리가 나지 않다

붉은 수수밭(紅高粱) 주제곡~

■ **妹妹你大膽的往前走** (아가씨, 대담하게 앞으로 걸어가세요.)

妹妹你大膽地往前走呀 往前走(아가씨, 대담하게 앞으로 걸어 나가요.
　　　　　　　　　　　　　　앞으로 가세요.)
莫回呀頭 通天的大路(돌아보지 말고. 하늘로 통하는 큰 길을)
九千九百九千九百九哇(구천구백구)
妹妹你大膽地往前走呀 往前走(아가씨, 대담하게 앞으로 걸어 나가요.
　　　　　　　　　　　　　　앞으로 가세요.)
莫回呀頭 從此後 你搭起那紅繡樓呀
　　(머리를 돌리지 말고. 지금부터 당신은 붉은 수를 놓은 누각을 지어요.)
抛灑那紅繡球呀(그 붉은 수를 놓은 공을 던져요.)
正打中我的頭呀 與你喝一壺呀(바로 나의 머리를 맞춰요. 당신과 함께
　　붉은 고량주 한 주전자를 마셔요.)
紅紅的高粱酒呀 紅紅的高粱酒嘿(불그레한 고량주, 불그레한 고량주여!)
....

大膽地~ 대담하게　　搭~ 짓다　　紅繡~ 붉은 색으로 수를 놓다
抛灑~ 던지다　打中~ (때리거나 해서) 맞추다　　莫~ 不要, 別
回頭~ 머리를 돌리다

酒神曲(주신곡)

九月九釀新酒(구월 구일에는 새로운 술을 빚네.)

好酒出在咱的手好酒(좋은 술이 우리의 손에서 나온다네, 좋은 술!)

喝了咱的酒(우리의 술을 마시면)

上下通氣不咳嗽(기가 위아래로 순환되어 기침이 멎고)

喝了咱的酒(우리의 술을 마시면)

滋陰壯陽嘴不臭(음양을 보하고 입 냄새도 없어지며)

喝了咱的酒(우리의 술을 마시면)

一人敢走靑刹口(혼자 청사구도 겁 없이 지날 수 있다네.)

喝了咱的酒(우리의 술을 마시면)

見了皇帝不磕頭(황제를 봐도 머리를 숙이지 않네.)

一四七三六九(일사칠삼육구)

九九歸一跟我走(언제나 나와 함께 갑시다.)

好酒好酒好酒(좋은 술, 좋은 술, 좋은 술!)

....

釀~ 술을 빚다(만들다)   釀酒~ 술을 빚다
上下通氣~ 위 아래로 氣가 통하다   咳嗽~ 기침하다
滋陰壯陽~ 음기를 보하고 양기를 힘차게 하다
嘴臭~ 입 냄새가 나다   磕頭~ 업드려 절하다

■ **西天指路歌**(망자가 서방정토 천당으로 잘 갈 수 있도록 인도하는 노래)

娘娘上西南(엄마, 엄마! 서쪽 나라로 가세요!)
寬寬的大路 長長的寶船(넓고 큰 길에 긴 배를 타고)
娘娘 上西南(어머니, 어머니! 서쪽 나라로 가세요!)
驅驅的駿馬 足足的盤纏(멋진 말을 타고 노잣돈도 많이 넣어서)
娘娘 上西南(엄마, 엄마! 서쪽 나라로 가세요!)
你甛處安身 你苦處化錢(즐거운 곳에선 편히 쉬시고, 괴로운 곳에선 돈을 쓰세요.)

....

驅驅~ 멋진 말의 모습   駿馬~ 멋진 말   足足~ 충족하다
盤纏~ 노잣돈   安身~ 몸을 쉬다   化錢~ 돈을 사용하다

5. 영화 속 문화풍경

중국의 유명 작가 막언(莫言)(1955~)은 산동성(山東省) 고밀현(高密縣) 동북향(東北鄕) 출신으로 소설 "홍고량"의 작가이다. 처음 막언은 자신의 고향인 고밀에서 이 영화를 찍는 것을 반대했다고 한다. 그 첫 번째 이유는 당시 고밀은 공업화의 물결로 수수밭이 이미 사라진 지 오래였으며, 막언이 묘사한

▎그림 20 ▎소설 "홍고량" 작가 莫言

소설 속의 수수밭도 사실은 자신이 본 적도 없는 완전 상상 속의 것이었기 때문이다. 두 번째의 이유는 막언도 소설을 통해 피력하였듯이 당시의 고밀은 옛날의 고밀과 같이 영웅들이 사는 곳이 아니었다고 생각한 때문이었다. 상업경제의 물결로 인해 사람들이 의리보다는 실리를 챙기는 곳으로 변했기 때문이다.

하지만 장예모 감독은 이에 굴하지 않고 마을주민들과 계약을 맺어 두어 곳 수수밭을 마련한 후, 거기에다 직접 수수를 심게 했다. 그런데 수수가 생각만큼 잘 자라지 않자 현의 간부들을 설득하여 수수밭 재건을 시급한 '정치적 임무'로 인식시키고, 화학비료를 5톤이나 뿌려가면서 대대적으로 수수밭을 가꾸었다고 한다.

┃그림 21┃ '홍고량'의 배경 高密의 홍고량

제1편 붉은 수수밭(紅高粱) | 57

막언이 1987년에 중편소설 "홍고량"을 처음 지었을 때 문학계의 소수 인사들을 제외하고는 소설이 널리 알려지지 못했다. 그러나 영화 "홍고량"이 상영된 후 1988년 그가 북경에 돌아왔을 때 한밤중에 거리에서 사람들이 홍고량 주제곡인 "아가씨, 대담하게 앞으로 걸어 나가요"라는 노래를 부르는 소리를 들었다고 한다. 막언은 장예모를 통해 자신의 소설이 세상에 크게 알려지는 계기가 되어 그를 매우 감사하게 생각하고 있다.

제2편 국두(菊豆)

1. 영화의 줄거리

  염색공방을 경영하는 늙은 구두쇠 영감 양금산(楊金山)은 양자인 양천청(楊天靑), 그리고 새로 맞이한 젊은 부인 국두(菊豆)와 함께 생활하고 있다. 노령인 양금산은 성불구와 다름없어 국두를 밤마다 학대하면서 성적 만족을 대신한다. 양천청은 그런 국두에 대해 연민의 정을 느낌은 물론 그녀의 아름다운 모습을 흠모하며 몰래 그녀가 목욕하는 장면을 훔쳐보기도 한다. 국두는 그가 자신에게 관심이 있음을 알고 그에게 자신의 고통을 호소함은 물론 그에게 적극적으로 다가선다. 결국 양금산이 외출한 틈을 타 국두와 양천청은 지켜야 할 선을 넘어버리고 만다.
  곧 이어 국두는 양천청의 아이를 임신하고, 두 사람은 몰래 사랑을 속삭인다. 양금산은 그 사실을 전혀 모른 채 마냥 기뻐한다. 그러던 중 양금산이 의외의 사고로 반신불수가 되자 두 사람은 뜻하지 않은 행운을 얻은 듯 몰래 두 사람만의 결혼의식을 치루며 부부와 다름없는 생활을 한다. 자신의 소생인 줄 알았던 아이가 알고 보니 국두가 자신의 조카 양천청과 바람을 피워 생겨난 것임을 알고 양금산은 아이를 죽이려고 한다. 그로부터 국두와 양천청은 양금산을 평소 통에 매달아 놓으며 학대한다. 그러던 중 국두는 다시 임신을 하고 어느 사묘의 비구니로부터 엉터리 낙태약을 얻어 몸을 망치게 된다.

┃그림 22┃ 국두 영화 포스터

한편 양금산이 양천백에 의해 뜻하지 않은 변을 당해 죽자 국두와 양천청은 다시 어려운 시기를 맞이하게 된다. 당시 두 사람에 대한 안 좋은 소문이 돌고 있던 터라 양금산의 장례식은 두 사람에게 혹독한 인내와 효심을 요구하였다. 또 장례식이 끝난 후에도 숙모와 조카 사이지만 홀아비와 젊은 과부인지라 두 사람은 양씨 가문의 전통에 따라 떨어져 지내야만 했다. 그런 중에도 두 사람의 정은 변하지 않아 둘은 언제나 남의 눈치를 보며 몰래 밀애를 즐겼다. 거기다 갈수록 양천백은 두 사람에게 살기를 품으며 질시한다. 그러던 중 두 사람이 지하 동굴에서 밀회를 하던 중 산소 부족으로 혼절하게 되고, 이를 발견한 양천백은 어머니는 구하나 아버지인 양천청을 염료공방의 못에다 빠뜨려 죽게 한다. 모든 것에 환멸을 느낀 국두는 염색공방에 불을 지르며 영화는 막을 내린다.

| 그림 23 | 영화 국두의 배경인 염색공방

2. 영화의 배경과 주제사상

영화 "국두"는 작가 유항(劉恒)(1954~)의 소설 "복희복희(伏羲伏羲)"를 각색한 작품이다. 소설 "복희복희"는 1940년부터 1970년까지의 중국 북방의 어느 외진 산촌에서 일어난 이야기를 묘사하고 있다. 또 중간에 중화인민공화국이나 문화혁명과 같은 정치적 배경을 언급하지만 영화 "국두"는 1920년대 중국 남방의 마을을 그 배경으로 하면서 외부적 환경이나 배경묘사가 전혀 없이 단순히 염색공방 안에서 일어난 사건만을 다루고 있다는 점이 다르다.

이처럼 영화는 원작 소설에 나타난 시공간에 대한 각색을 진행하였을 뿐 아니라 스토리 구성이나 등장인물들의 결말 등에 있어서도 많은 개편(改編)을 가했다. 즉 소설에서는 양금산이 자연사하게 그려졌지만 영화에서는 어린 양천백의 실수에 의해 고의 아니게 염색 못 속에 빠져 익사하는 것으로 그려졌다. 또 양천청의 죽음도 소설에서는 스스로 자살하는 것으로 되어 있지만 영화에서는 친아들 양천백에 의해 타살되는 것으로 만들어졌다. 그리고 마지막 결미 부분에서도 영화에서는 국두가 염색공방에 불을 지르는 것으로 막을 내리지만 소설에선 국두가 양천백과 그의 동생인 작은 아들을 거느리고 편안히 여생을 보내는 것으로 끝난다.

영화 "국두"는 감독 장예도도 자신이 본격적으로 감독이라는 자리에 앉아 작품을 감독한 첫 번째 작품이라고 자부하였듯이 그가 감독으로서의 심혈을 기울여 자신의 사상과 기량을 잘 반영한 작품이라고 할 수 있다. 그가 원작 소설을 대폭적으로 개편한 것도 이런 점을 잘 말해주고 있다. 영화 "국두"는 원작의 테두리를 벗어나 장예모 감독의 스타일과 관점을 매우 잘 드러낸 작품인 것이다. 정치적 환경요소를 철저히 배제시키고 남녀의 욕망과 봉건예교의 허위와 잔혹성에 그 초점을 집중시킴으로써 결과적으로는 영화의 사상성과 효과를 극대화 시켰다고 할 수 있다. 특히 인물의 결말에 있어 양금산이 비록 고의성은 없지만 양천백에 의해 죽게 되는 것이라든지 양천백이 자신의 생부를 타살하는 장면들을 통해서 장예모는 봉건예교의 가증스럽고 잔혹한 면모를 매우 극대화 시킴으로써 자신의 관점을 선명히 표현하고자 하였다.

　이 영화의 주제사상도 봉건예교의 허위와 잔혹성을 고발하고 풍자하는 데에 있다고 할 수 있다. 불륜이라는 도덕적인 잣대에 의거하여 자신의 생부조차도 살해하는 흉폭함을 통해 봉건적 예교의 잔인성을 잘 고발하고 있다. 명말의 작가 풍몽룡이 지은 삼언 속의 한 작품 "장흥가중회진주삼(蔣興哥重會珍珠衫)"에서 장흥가가 부인과의 정을 잊지 못해 불륜을 저지른 부인 왕삼교를 나중에 다시 받아들이는 것과 비교하면 이 작품은 실로 많은 차이를 보인다고 하겠다. 영화 속에서 국두는 자신의 친아들이 나중에 자라면 그녀와 양천청간의 비정상적인 관계, 즉 불륜을 이해해 줄 것이라고 믿었으며, 그것이 바로 인지상정이라고 할 것이다. 그렇지만 그녀의 아들 양천백은 바늘로 찔러도 피 한방울 나지 않을 듯 인정이라고는 하나도 없는 피도 눈물도 없는 존재라 그녀의 불륜을 절대 용서하지 않았으며, 심지어 생부를 살해하는 지경에 이르렀다. 이 영화는 인정과 대립하는 예교의 잔혹성을 보여주며, 예교의 화신이라고 할 수 있는 양천백의 만행을 통해 예교의 냉혹한 모습을 잘 반영하고 있다.

　이 영화에서도 "홍등"에서와 같이 가장 많이 등장하는 대사가 바로 "조상들의 옛 규범에 따라"와 같은 말이다. 감독은 이를 통해 중국사회의 불합리한 낡은 전통을 신랄히 비판하고 있다. 조상들이 정해준 항렬에 따라 지어진 가장 이상적인 이름이라고 지은 양천백이란 이름의 인간이 결국 자신의 생부를 살해하는 예상치 못한 결과를 보여줌으로써 중국의 낡은 제도를 여실히 풍자하고 있는 것이다. 그뿐 아니라 영화 속에서 국두와 양천청이 죽은 양금신의 관을 붙잡고 울며 관을 막는 장면도 중국 예교의 가식과 허위를 매우 통쾌하게 풍자하고 있는 부분이다.

또 이 영화는 중국의 전통사회에서 성적으로 박탈, 유린당하는 여성의 위치에 대해 잘 대변하고 있다. 국두는 남편으로부터는 아이를 생산하는 씨받이와 성적인 노리개였으며, 그의 조카인 양천청으로부터는 구멍을 통해 몰래 몸매를 감상하며 성적인 호기심을 만족시켜줄 수 있는 대상이었다. 나중에 그녀는 그런 자신의 존재를 알고 수치심으로 눈물을 흘리면서까지 양천청에게 자신의 나신을 보여주며 자신을 고난으로부터 구원해주기를 애걸하기도 한다. 바로 남성들에 의해 성적으로 이용당하는 여성의 모습을 보여주고 있는 것이다.

그리고 이 영화는 중국전통사회 속 남녀간의 욕정을 "구멍"을 통해 상징적으로 잘 표현하고 있다. 구멍을 통해 여체를 몰래 감상하는 양천청의 모습을 통해 중국남성의 음성적이고 폐쇄적이며 왜곡된 성의 단면을 보여주고 있다. 이는 국두를 성적인 노리개로 보고 성적으로 학대하는 양금산의 모습과 함께 중국의 왜곡된 성문화의 전통도 보여주고 있다. 사실 중국에서는 원래 성을 자연스러운 음양의 조화로 보며 이를 매우 신성시하고 중시하였다. 하지만 송명이학의 시대를 겪으면서 성은 더 이상 자연스러운 것이 아니라 금기시되기 시작하였으며, 이런 전통은 성을 음지화하고 왜곡화시켰고, 급기야 성에 대한 신비스러움과 공포증

까지 낳게 되었다고 할 수 있다.

앞의 영화에서와 같이 국두에서도 진취적이고 용감한 국두의 모습과는 달리 남주인공 양천청의 모습은 호인(好人)일지언정 실로 나약하고 우유부단하며 무능하기까지 하다. 양천청이 국두의 말에 따라 어린 양천백을 데리고 일찌감치 그 곳을 떠나 자신들만의 보금자리를 차렸더라면 그는 그처럼 비극적인 결말을 맞이하진 않았을 것이다. 따라서 그가 좀 더 현명하고 용감한 결단을 내렸다면 그런 슬픈 결말을 맞이하진 않았을 것이다. 용감하고 적극적인 국두에 비해 남성인 양천청은 나약하고 소극적인 존재였던 것이다. 장예모는 이 영화에서 여러 장면을 통해 양천청의 우유부단함과 무능함을 보여주고 있다.

3. 감상 포인트

장예모 감독은 영화 "국두"는 "홍고량"에 비해 감독으로서의 자신의 능력을 발휘한 작품이라고 자부하였다. 그는 인터뷰를 통해 다음과 같이 얘기하였다.

> "국두"는 제가 촬영기사의 위치에서 감독의 자리로 전환하여 만든 최초의 작품이라고 할 수 있습니다. 그러기에 이 작품은 제게 있어 시대의 획을 긋는 의미를 지니고 있습니다. "국두" 이전에 제가 찍은 영화들은 줄곧 촬영기사의 각도에서 만든 것이라 배우들을 잘 운용하지 못하였고, 또 인물들의 심리세계에 대해서도 잘 그려내지 못했습니다. 전 단지 영화가 지닌 전체적인 풍격이나 조형, 그리고 시각적 효과를 더 중시한 것이었죠. 그런

데 "국두"는 여전히 '염색공방'과 같은 형식적인 느낌을 지니고 있긴 해도 제가 처음으로 감독이라는 위치에 직접 몸을 담고 만든 영화입니다. 예를 들면 "국두" 이전의 "홍고량"에서 영화에 나타난 광방(狂放)한 정신은 전적으로 강문(姜文)의 연기력에 의지한 것이었죠. 그는 정말 능력이 있는 배우였습니다. 그러기에 그가 연기한 (그 여점오라는) 인물은 매우 빛이 난 거죠. 반면에 그 영화 속의 공리(鞏俐)를 보면 당시 감독의 능력이 배우에게 알맞은 조형이나 이미지의 역할만을 제공한 것밖에 없는 한계를 지녔음을 발견할 수가 있는 거죠. 그런데 2년이라는 짧은 시간이 지난 후, "국두" 속 공리의 연기는 질적인 비약을 하게 됩니다. 이는 바로 "홍고량" 시기의 저는 감독의 위치에 있었지만 감독노릇을 잘 못했다는 것을 말해주는 겁니다. 공리와 같은 신인을 잘 운용하지 못한 거지요. 반면 스스로 연기를 할 줄 아는 강문은 저를 크게 도와준 겁니다.

(拍《菊豆》是我第一次從攝影師的角度轉換成導演的角度, 這部影片對我來說具有劃時代的意義。在《菊豆》之前我拍電影一直是站在攝影師的角度, 不太重視調動演員, 不太重視挖掘人物內心, 更注重的是電影的整體風格、造型和視覺沖擊力。《菊豆》雖然仍有'染布作坊'一類形式感的東西, 但卻是我第一次把自己的屁股坐到了導演的位置上。再比如《菊豆》之前的《紅高粱》, 影片中那種狂放的精神很大程度上得益於姜文的表演。姜文是一個很有能力的演員, 所以他演的那個人物就非常有光彩。反過來再看《紅高粱》時的鞏俐, 就能發現導演的功力還局限在只能提供給演員一個很好的造型與形象。僅僅兩年之後, 鞏俐在《菊豆》中的表演就有了質的飛躍。這就充分暴露出《紅高粱》時期我作爲導演還不會導演, 對鞏俐這樣的新人我就無計可施, 但是自己會演戲的姜文就幫了我的大忙。)

....

角度~ 각도, 위치   轉換~ 전환하다   導演~ 도연, 감독   演員~ 배우
影片~ 영화   對我來說~ 내게 있어   劃時代~ 시대에 획을 긋다

具有~的意義~ ~의 의미를 지니다　　調動~ 조정하며 움직이다
挖掘~ 파내다　　整體~ 전체　　沖擊力~ 충격, 효과
得益於~ ~에서 도움을 얻다　　表演~ 연기(하다)
反過來看~ 상반적으로 보다　　發現~ 발견하다　　功力~ 공력, 능력
局限~ 제한하다, 제한되다　　提供~ 제공하다　　僅僅~ 겨우
質的飛躍~ 질적인 비약　　充分~ 충분히　　暴露~ 폭로하다, 드러내다
作爲導演~ 감독으로서, 감독이 된 자로서　　無計可施~ 펼쳐볼 계략(대책)이 없다　　幫了大忙~ 크게 돕다

■ 영화 속의 명대사~

自己的骨肉終歸是自己的, 等天白長大了就好了.
(자신의 피붙이는 결국 자신에게 오게 되어 있어요, 텐바이가 자라면 괜찮을 거예요.)

終歸~ 결국은 ~에 귀속하다　　等~ ~하길 기다리다

■ 영화 속의 명장면~

이 영화는 남녀의 금지된 정욕(情欲)을 다룬 작품이다. 따라서 영화 속의 명장면은 국두가 상처 투성이 자신의 나신(裸身)을 눈물을 흘리며 조카인 양천청에게 보여주는 부분일 것이다. 양천청은 거친 숨을 쉬며 구멍을 통해 이 장면을 몰래 훔쳐보는데, 조용한 정적의 순간에 양천청의 거친 숨소리가 들린다. 이처럼 양천청은 국두가 겪는 심신의 아픔을

이해하지 못하고, 오직 그녀의 육신에 탐닉되어 자신의 욕정만을 해소할 뿐이다. 이 장면은 남성에 의해 착취되는 중국여성의 성문제 의식을 제시하고 있기도 하다. 그 외에도 국두가 양천청을 유혹하여 두 남녀가 결국 하나로 합쳐지고, 이어 국두의 발에 채인 물레방아가 돌아가면서 그 위에 매달린 옷감이 붉은 염색 못 속으로 갑자기 쏟아져 내리는 장면일 것이다. 남녀의 걷잡을 수 없는 욕정의 세계의 결말을 암시하는 장면이다.

4. 영화 속의 대사

1) 국두의 고된 신혼생활~

염색업을 경영하는 늙은 구두쇠 영감 양금산은 양자인 양천청, 그리고 새로 맞이한 젊은 부인 국두와 함께 큰 염색공방에서 생활하고 있다. 노령인 양금산은 성불구와 다름없어 국두를 밤마다 학대하면서 성적 만족을 대신한다. 양천청은 그런 국두에 대해 연민의 정을 느끼기도 하거니와 그녀의 젊고 아름다운 모습을 흠모하며 심지어 그녀가 목욕하는 장면을 구멍을 통해 몰래 훔쳐보기도 한다. 어느 날 국두는 양천청이 자신의 목욕장면을 보기 위해 뚫어놓은 구멍을 발견하고는 크게 놀란다. 그러나 국두는 그가 자신에게 관심이 있음을 알고 수치와 눈물을 머금고 일부러 그에게 자신의 나신을 보여준다. 이어 국두는 양천청에게 자신의 고통을 하소연함은 물론 그에게 적극적으로 다가선다. 그러던 중, 양금산이 외출한 틈을 타 국두는 양천청을 노골적으로 유혹하고 이를 뿌리치지 못한 양천청은 결국 그녀를 범하고 만다.

- 你才回來?
(이제야 오는거야?)

才~비로소, 이제서야

- 兵慌馬亂的.
(전시통이라서요)

兵慌馬亂~ 전쟁통에 병사와 말이 당황하고 어지러운 모양.

▌그림 24 ▌ 구두쇠 양진산과 마음이 어진 양천청

■ 這馬怎麼看着瘦了?
(저 말이 어찌 보아하니 야위었지?)
....
瘦~마르다

■ 外邊太亂了, 想回也回不來.
(바깥이 너무 어수선해서 돌아오려고 해도 올 수가 없었어.)
....
亂~복잡하고 번잡하다

■ 你頭倆嬸子怎麼死的, 還不都叫他折騰死的? 也沒留下一兒半女的. 活該!
(니 앞전의 두 숙모가 어찌 죽었어. 삼촌에 의해 시달리다가 죽은 것이 아니고 뭐겠어, 자식이라곤 하나도 남기지 못하고 말이야. 샘통이야.)
....
頭~처음　　倆~ 兩個　　嬸子~숙모　　折騰~괴롭히다
一兒半女~자식 하나　　活該~싸다, 샘통이다

■ 我楊家遲早斷在你手裏, 你這個沒用的東西.
(우리 양씨 가문이 조만간 네 손 아래서 끝날거야, 이 쓸모없는 것아!)
....
遲早~조만간　　斷~ 잘리다　　沒用的~쓸모가 없는
東西~ 여기선 놈의 의미

■ 早該下來了, 老子花錢不能買個白吃飯的.
(벌써 내려 왔어야지. 내가 밥만 축내라고 널 사 오진 않았어.)
....
早該~ 早就應該　　老子~ 어르신, 상대를 조롱하면서 자신을 높여 부르는 말
白吃飯的~공짜로 밥을 먹는 사람

┃그림 25 ┃ 양톈칭과 일꾼

- 這麼一大攤子不添個幫手? -添人添開銷.
 (이렇게 짐이 큰데도 일군을 보태지 않아? -사람을 쓰면 지출이 늘어나 잖아.)

 攤子~짐   添~보태다, 더하다   幫手~도와주는 사람   開銷~지출

- 花不了你多少錢.
 (너 돈 얼마 들지도 않아.)

 花錢~돈을 쓰다

- 他爹娘死後, 不是我看在鄰居的份上收養了他, 他能活得到今天? 我怎麼能把這樣的人當兒子看?

(걔 부모가 죽은 후 내가 이웃의 정을 생각해 거둬주지 않았다면 오늘까지 살아있기나 했겠어? 내가 어찌 이런 애를 자식으로 볼 수 있겠어?)

爹娘~부모   看在~的份上~ ~의 정리를 생각하여   收養~거두어 키우다
當~看~ ~를 ~로 여기다

┃그림 26┃ 목욕 장면 엿보기

■ 染花了我饒不了你.
    (염색을 얼룩지게 망치면 절대 용서 안 해.)

    染~ 염색하다(예, 染髮)   花~ 무늬, 얼룩지다   饒不了~ 不饒恕

■ 染料要拌勻, 省點用.
    (염료는 잘 섞고, 아껴서 사용해.)

    染料~ 염료   拌~휘젓다   勻~균형되다   省~아끼다

■ 買頭牲口要騎要打隨老子高興.
(가축을 하나 사서 타든지 때리든지 이 몸이 즐기는 대로 하면 되는 거야.)

....

牲口~가축   騎~ (말 등을) 타다   隨~ ~에 따르다

■ 生了兒子我給你當牛做馬.
(아들만 낳으면 나는 너를 위해 소든 말이든 되어줄 수가 있어.)

....

當牛做馬~소와 말이 되다

■ 一輩子沒出息, 都學會偸懶了.
(평생 싹이 노래, 게으름만 배웠어.)

....

一輩子~ 한평생   沒出息~ 싹이 노랗다, 되먹지 못하다
學會~ 배워 습득하다   偸懶~게으름피우다

■ 這幾匹布費工不少, 多要些工錢.
(이 베들은 공이 많이 들었으니 품삯을 좀 많이 받아.)

....

費工~들은 공   工錢~임금, 수고비, 품삯

■ 得學着討價, 別干賠本買賣.
(가격을 흥정해서 올려 받는 것을 배워, 손해보는 장사를 해선 안 돼.)

....

得~ ~해야 한다   討價~ 가격을 요구하다(예, 討價還價)
賠本~ 본전에 손해보다   買賣~ 장사, 사업

■ 別掙得不多, 花得不少.

(많이 벌지도 못하면서 돈을 많이 쓰면 안 돼.)

掙錢~ 돈을 벌다

■ 兒孫滿堂- 圖個吉利.

(자손이 가득하길 바래요- 행운을 좀 바라는 게죠.)

兒孫~ 자손　　滿堂~ 집에 가득 차다　　圖~도모하다, 바라다
吉利~길상, 행운

■ 自家不長眼, 跌了一跤.

(제가 주의하지 않아 한번 넘어졌어요.)

自家~ 自己　　不長眼~눈이 삐다(예, 走路不長眼)　　跌跤~넘어지다

■ 你聽聽, 那猪在哭它的命.

(들어봐요. 저 돼지가 살려달라고 울고 있어요.)

猪~ 돼지　　哭它的命~자신의 목숨을 위해 울다, 죽으라고 울다

■ 這回你可舒坦了吧?

(이번엔 정말 편안하지?)

這回~ 這次　　舒坦~ 편하다

■ 我活不了了!

(정말 죽겠어요!)

活不了~ 살 수 없다

■ 心口痛, 飯吃得不合適.
 (명치가 아픈데, 밥을 잘 못 먹은 거야.)

 心口~ 명치　　不合適~ 적합하지가 맞다

■ 剛才什麽東西響? -黑燈瞎火的, 誰知道呢!
 (금방 무슨 소리야? - 불 없이 어두워서 뭔지 모르겠네요.)

 響~ 올리다, 소리가 나다　　黑燈瞎火~ 등불이 없어 어두운 모양

┃그림 27┃ 텐칭에게 고통을 하소연하는 국두

- 就讓老東西殺了我吧, 你別攬他, 我也不指望活了.
 (늙은 놈이 날 죽이게 놓아둬요, 그를 말리지 말아요. 나도 살고 싶지 않아요.)

 ....

 攬~ 저지하다   指望~ 바라다

┃그림 28┃ 텐칭에게 몸을 보여줌

- 天青, 我實話告訴你吧, 老東西他有病, 他不行, 他就往死裏折騰我. 我實在受不了了.
 (텐칭, 내가 사실대로 말할게요, 그 늙은이는 병이 있어요, 그것이 안 되니, 죽으라고 나를 괴롭히고 있어요. 난 정말 못살겠어요.)

 ....

 往死裏~ 죽으라고, 죽자고   折騰~ 괴롭히다   實在~ 정말

受不了~ 참을 수 없다

- 一路上沒餓着吧?
  - 一天三頓, 夜裏還添回草.
  (길가다 배를 곪은 건 아니야?
  - 하루에 세 번 먹이고 밤에도 풀을 한 차례 줬어요.)
  ....
  一路上~ 길을 가는 도중   餓~ 배고프다   頓~ 끼니

- 你踏實睡, 你什麽時候睡過好覺?
  (푹 자요, 당신이 언제 잠을 옳게 잔 적이 있나요?)
  ....
  踏實~ 건실하게 좋은 모양   睡好覺~ 잠을 잘 자다

┃그림 29┃ 국두의 유혹

- 天靑, 你怕什麽?
  - 我怕什麽?
  - 不怕你關什麽門呢?
  (톈칭, 당신 뭐가 두려워요?
  - 내가 뭐가 두렵다니요?
  - 그렇다면 문은 왜 걸고 그래요?)

  ....

  你關什麽門~ 문은 왜 닫고 그래

- 你也是五尺高的漢子.
  (당신도 키가 5척이 되는 사내잖아요.)

  ....

  漢子~ 사내   五尺高~ 오척의 키

- 你看嬸子像狼不? 怕我吃了你?
  (봐요, 숙모가 이리같이 생겼나요? 내가 잡아먹을까 두려워요?)

  ....

  嬸(子)~ 숙모   像~ 닮다   狼~ 늑대

- 那你二回怎麽不把洞堵上?
  - 天靑, 嬸子這好身子, 給你留着呢.
  (그렇다면 당신은 두 번째에 왜 그 구멍을 막지 않았죠?
  - 톈칭, 숙모의 이 좋은 몸을 너에게 남겨 줄 거야.)

  ....

  洞~ 구멍   堵~ 막다

2) 임신과 새로운 출발~

국두는 양천청의 아이를 임신하고, 두 사람은 몰래 사랑을 속삭인다. 한편 양금산은 그 사실을 전혀 모른 채 국두가 자신의 아이를 임신한 줄로만 알고 마냥 기뻐한다. 그러던 중 양금산이 나귀와 함께 외출한 어느 날 의외의 사고를 당해 반신불수가 되자 두 사람은 속으로 기뻐하면서 두 사람만의 결혼의식도 치루고 부부와 다름없이 생활하며 짧은 행복을 맛본다. 자신의 소생인 줄 알았던 아이가 알고 보니 아내 국두가 자신의 조카 양천청과 불륜을 저질러 생겨난 것임을 알고 양금산은 아이를 죽이려고 한다. 그러나 아이의 우는 소리에 달려온 두 사람에 의해 발각이 되면서 그로부터 국두와 양천청은 양금산을 평소 통에 매달아 놓으며 감시하고 학대한다. 그 가운데 국두는 다시 임신을 하고, 불륜이 들통 날까 두려워 한 그녀는 어느 비구니 암자의 여승으로부터 엉터리 낙태약을 얻어 사용하다 심한 고통으로 고생하며 결국은 후유증으로 생식기능을 잃게 된다.

■ 這就要看你的福氣啊.
　(그건 당신의 복에 달렸어.)
　...
　看~ ~에 달려 있다　　　福氣~ 복

■ 祖宗保佑, 保佑生兒子, 爲我楊家傳宗接代, 香火不斷.
　(조상님 살펴주십시오, 아들을 낳도록 도와주셔서, 우리 양가가 대를 이어 향불이 끊이지 않도록 도와주십시오.)
　...
　祖宗~ 조상(祖先)　　　保佑~ 보우하다, 살펴 도와주다

傳宗接代~ 대를 잇다　　香火不斷~ 향불이 끊이질 않고 이어나가다

■ 大仙, 積德行善, 我忘不了你的大德大恩. 生了兒子我登門厚謝.
(대선, 덕을 쌓고 선을 행하십시오. 당신의 큰 덕과 은혜를 잊지 않겠습니다. 아들만 낳으면 찾아 뵙고 후한 사례를 올리겠습니다.)

積德行善~ 덕을 쌓고 선을 행하다　　大德大恩~ 大恩大德
登門厚謝~ 직접 찾아가 사례를 표하다, 登門拜謝

■ 我走了, 別讓老東西撞見了.
(가야겠어, 늙은이와 부딪히게 해선 안 되잖아.)

撞見~ 부딪히다

■ 天字輩的沒剩下幾個好字眼的.
(천자 돌림에는 좋은 글자가 몇 개 남지 않았어.)

剩下~ 남다　　字眼~ 글자

■ 楊家就這一個後人, 取上歪字咱楊家的風水就完了.
(양씨가에 후손이라곤 오직 이 뿐인데, 엉터리 글자를 짓게 되면 양씨집의 풍수는 끝장이야.)

後人~ 후손　　取上歪字~ 안 좋은 글자를 짓다　　完了~ 끝장나다(完蛋了)

┃그림 30 ┃ 출산 후의 다정한 한 때

- 你該走了, 老東西回來可不得了.
  (당신은 가야 해요, 늙은이가 돌아오면 큰일나요.)
  ....
  可~ 정말, 강조의 의미임   不得了~ 큰일나다

- 你人厚, 做什麼都沒膽子.
  (당신은 사람이 후덕해서 무슨 일에도 용기가 없어.)
  ....
  厚~ 후덕하다   沒膽子~ 담력이 없다

- 撞上也好, 遲早的事.
  (부딪혀도 괜찮아, 조만간에 그리 될 일인데 뭘.)
  ....
  遲早~ 조만간에

- 人是癱了, 死是死不了, 不中用了. 下身是不能動的.
  (사람이 마비가 되었어, 죽진 않지만 쓸모가 없어. 하체는 움직이질 못해.)

  癱~ 몸에 마비가 와서 못 움직이는 병　　死是死不了~ 죽는 건 죽지 않아
  不中用~ 쓸모가 없음　　下身~ 下半身

┃그림 31┃ 몰래하는 결혼의식

- 我宰了你, 騷狗.
  (죽여버리겠어, 발정난 개같은 계집.)

  騷~ 여자가 끼가 많은 모양

- 你這個臭癱子, 你還想欺負我.
  (더러운 앉은뱅이 같은 이! 아직도 날 괴롭히려고 하군.)

臭~ 더러운, 냄새 나는   癱子~ 앉은뱅이   欺負~ 괴롭히다

■ 你整不死我, ,老天爺有眼 給了我一個天青. 你把話聽淸了, 天白他爹是天青, 你腦去吧.
　(당신은 날 못 죽여. 하느님도 눈이 있어 나에게 텐칭을 주셨어. 잘 들어 텐바이의 아빠는 텐칭이라구. 약 올라 죽어버려.)

整~ 괴롭히다(예, 整人專家-영화제목)   老天爺~ 하느님   老天(爺)有眼~ 하늘도 눈이 있다   腦~ 화나다

■ 天青, 咱天白怎麽老是不笑啊.
　- 該笑就笑了, 看你急的.
　(텐칭, 우리 텐바이가 왜 늘 웃질 않지?
　- 웃을 때가 되면 웃겠지, 조급하긴.)

老是~ 언제나

■ 毁了他, 老不死的.
　(죽여버려, 죽일 늙은이 같으니!)

老不死~ 죽일 놈의 늙은이

■ 再碰我兒子一個指頭, 咱們走着看.
　(다시 내 아들에게 손가락이라도 한번 댔다간 두고 봐!)

碰~ 부딪히다   走着看~ 두고 보다

제2편 국두(菊豆) | 83

■ 要是活夠了, 說話, 好辦.
　(죽고 싶으면 얘길 해, 쉬워!(그렇게 해 줄게))

　　活夠了~ 죽고 싶다. 活膩了　　好辦~ 해결하기 쉽다

■ 我可不想絶你的好日子, 從今往後, 讓你精精神神的看我們的好日子.
　(당신의 좋은 나날들을 끝나게 할 순 없어, 이제부터 우리들의 멋진 나날들을 똑똑히 봐 두라구.)

　　絶~ 끊다　　好日子~ 좋은 날　　從今往後~ 從今以後　　精精神神的~ 활기차게

■ 天靑比正經兒子還孝敬呢.
　(텐칭이 진짜 아들보다도 더 효성스럽네.)

　　正經~ 진짜의, 진지한　　孝敬~ 효성스러운, 孝順

■ 祖宗, 睜眼看看這兩個畜生哦.
　(조상님, 눈을 크게 뜨고 저 두 짐승 같은 것들을 보세요.)

　　睜眼~ 눈을 부릅뜨다　　畜生~ 짐승(욕)

■ 我這心裏老是犯嘀咕, 咱天白都這麼大了, 也不會叫個人, 該不是個啞巴吧.
　(내 마음 속엔 언제나 의문이 들어요, 우리 텐바이가 이렇게도 컸는데 사람을 보고 부르질 못해요. 혹시 벙어리는 아니겠죠?)

犯嘀咕~ 속삭이다, 의문이 생기다   啞巴~ 벙어리

- 咱孩子開口晚, 該叫的時候就叫了.
  (우리 아이가 입을 늦게 여는 거야, 부를 때(입을 열어 말할 때)가 되면 부르겠지(말하겠지).)
  ....
  開口~ 입을 열다   開口晚~ (아이가) 말이 늦다   該叫的時候就叫了~ 때가 되면 말하다

- 自己的骨肉終歸是自己的, 等天白長大了就好了.
  (자신의 피붙이는 역시 자신에게 오게 되어 있어요, 텐바이가 자라면 괜찮을 거예요.)
  ....
  骨肉~ 골육, 피붙이   長大~ 자라다, 성장하다

- 我可有一陣子沒來身上了, 這次要是再懷上那就糟了.
  (근데 한 동안 몸에 나오는 것이 안 나왔어. 이번에 만약 다시 임신한다면 큰일 나.)
  ....
  一陣子~ 한 동안   懷~ 임신하다   糟了~ 큰일나다

- 你別往心裏去, 天白還小, 他不懂事, 等他長大了, 再一五一十的都說給他聽.
  (깊이 생각하지 말아요, 텐바이가 아직 어려 철이 없어서 그래요. 걔가 커면 다시 자초지종을 모두 얘기해주면 되요.)
  ....
  往心裏去~ 가슴 속에 넣다(깊이 생각하다)
  一五一十的~ 하나에서 열까지 자세히

- 也不知怎麼啦, 這回身上來得這麼遲.

    (근데 왠지는 몰라도 이번에 몸에서 나오는 것이 이리도 늦네요.)

    ....

    不知怎麼~ 왠지 모르다   遲~ 늦다

- 給, 房事前外用, 保你不生.

    (자, 부부관계하기 전에 몸에다 발러, 보증컨대 절대 애를 안 낳게 돼.)

    ....

    房事~ 방사, 부부관계   外用~ 외부에 바르다(반의어는 內服)
    保~ 보증하다(保證)

- 今日天白三歲生日, 大吉大喜. 我沒多的話, 天白長命百歲.

    (오늘은 텐바이의 3세 생일인즉 크게 상스럽고 기쁜 날이오. 내 얘기 많이 하지 않겠소. 텐바이가 백세까지 오래 살기를 바라오.)

    ....

    大吉大喜~ 크게 길하고 기쁘다
    長命百歲~ 장수하길 바라다(祝你長命百歲)

- 天青, 來, 給你天白兄弟說幾句吉利話.

    (텐칭, 자, 형제 텐바이에게 몇 마디 덕담을 해 봐요.)

    ....

    說幾句話~ 몇 마디 (연설 등) 하다   吉利話~ 상스러운 말, 덕담

- 給你兄弟說兩句.

    (동생에게 몇 마디 해봐.)

    ....

    說兩句~ (연설, 축사 등)몇 마디 하다

장예모 영화에 나타난 중국어와 중국 문화

- 趕明兒讓你叔叔咬咬牙, 多花點錢, 給你娶個比你嬸子更漂亮的媳婦, 不就行了嗎?
  (이 다음에 당신 삼촌더러 이를 악물고 좀 돈을 쓰게 해서 당신에게 숙모보다 더 예쁜 신부를 얻도록 하게 하면 되잖아?)

  趕明兒~ 내일 어서, 이 다음에 얼른   咬牙~ 이를 악물다   不就~嗎?~ ~하면 되잖아!

▮그림 32▮ 아들의 저주

- 要不咱就敞開了過日子, 讓他們罵去.
  - 是罵也罷了, 讓人知道就怕活不成了.
  (아니면 우리 모든 걸 공개하고 살아요, 사람들이 욕하게 돼요.
  - 욕만 하면 그만이지만 남들이 알면 아마도 우릴 죽일 거야.)

  要不~ 그게 아니면   敞開了~ 열다, 공개하다   過日子~ 하루하루 보내다
  也罷了~ 也算了   活不成~ 살지 못하다

- 菊豆, 你得想開點.

- 我就是想不開.

(국두, 허튼 짓 하면 안 돼!

- 아니 난 죽을 테야.)

....

想不開~ 죽음을 선택하는 등 외골수를 생각하다(반의어는 想開)

■ 怎麽說他也算是我叔啊.

- 他是你叔, 我是你什麽人?

(아무리 그래도 그는 내 숙부잖아.

- 그 사람이 당신 숙부면 나는 당신에게 뭐죠?)

....

怎麽說~ 아무리 그래도   算是~ ~인 셈이다

■ 怎麽弄的? 那你癱叔有這麽大的本事啊.

(어찌 된 거야? 당신 앉은뱅이 삼촌이 이런 큰 능력이 있단 말인가?)

....

本事~ 능력

■ 不過話要說白了, 人是廢了, 往後也不能再生養了. 也好, 倒省心.

(그런데 말을 쉽게 하자면 사람이 폐물이 됐어, 앞으론 다시 아이를 낳을 수가 없네. 잘됐지, 오히려 걱정을 덜 수 있으니.)

....

話說白~ 쉽게 노골적으로 얘기하다   廢了~ 망가지다   生養~ 낳아 기르다
省~ 아끼다, 절감하다

3) 양금산의 죽음과 다시 찾아온 고난~

어느 날 국두는 반신불수 남편 양금산이 염색못 속에서 익사한 것을 발견한다. 양금산이 양천백에 의해 뜻하지 않은 변을 당해 죽자 국두와 양천청은 더욱 어려운 시기를 맞이하게 된다. 당시 두 사람에 대해 안 좋은 소문이 돌고 있던 터라 양씨 문중은 양금산의 장례식을 통해 두 사람에게 혹독한 인내와 효심을 요구하였다. 두 사람도 그런 의심을 불소시키기 위해 거짓으로 슬픔을 표하며 힘든 장례의식을 치르느라 몸이 만신창이가 된다. 또 장례식이 끝난 후에도 숙모와 조카 사이지만 홀아비와 젊은 과부인지라 두 사람은 양씨 가문의 전통에 따라 떨어져 지내야만 했다. 그런 중에도 두 사람의 애정은 변하지 않아 언제나 남의 눈길을 피하며 몰래 욕정을 불태웠다. 거기다 사춘기로 접어든 양천백은 갈수록 더 두 사람의 관계를 질시하면서 특히 양천청을 극도로 증오한다. 어느 날, 두 사람이 그들의 밀애장소인 지하 동굴에서 함께 누워있던 중 산소 부족으로 혼절하게 되고, 이를 발견한 양천백은 그들을 동굴 밖으로 끌어낸다. 그런데 양천백은 어머니는 구조하여 자리에 눕혔지만 친아버지인 양천청을 염료공방의 못에다 빠뜨려 버린다. 이어 허우적거리는 양천청을 보며 양천백은 몽둥이를 꺼내 사정없이 쳐 버렸고, 양천청은 못 속에서 숨을 거둔다. 그 장면을 목도한 국두는 급히 계단을 기어 내려오며 소리치고 만류해 보지만 때는 이미 늦었다. 환멸을 느낀 국두는 집에다 불을 질렀고, 활활 타오르는 불길 속에서 영화는 막을 내린다.

- 你個婦道人家不怕日後遭報應?
  (당신은 부도를 지켜야할 여자가 훗날 당할 업보가 두렵지도 않아?)

婦道人家~ 부도를 지녀야 할 여자   日後~ 훗날에   遭~ 맞이하다, 당하다
報應~ 응보

- 你有什麽舍不得? 你就那麽甘心情願的當你那個哥? 好侄子, 孝順侄子!

(당신이 뭐가 아쉽고 섭섭해요? 그러면 즐겁게 그 형 노릇이나 해요. 참 좋은 조카네요. 효성스럽네요.)

舍不得~ 섭섭해하다   甘心情願的~ 마음으로 진정 바라다(心甘情願的)

- 按祖宗的老規矩, 咱楊家的天字輩, 往後就靠楊天白一脈單傳, 楊天青是外人, 不算數, 照祖宗的老規矩, 明兒個金山兄弟出殯, 菊豆和天青要攬路擋棺, 以示孝心. 村裏對他們兩人本來就有些風言風語, 明兒個咱們楊家老少爺們都在, 孝順不孝順, 是黑是白就能看清楚了. 按祖宗的老規矩, 金山死後, 菊豆不准改嫁, 盡婦道, 保貞潔. 出完了殯, 楊天青要搬出染坊大院, 夜裏睡到老王家. 不然, 孤男寡女的, 雖說是侄兒和嬸子, 可咱楊家, 世世代代清清白白, 總不能讓人說閑話吧.

(조상들의 옛 규칙에 의하면 우리 양씨가의 천자 항렬에는 앞으로 양텐바이 하나가 대를 잇게 돼. 양텐칭은 남이라 해당이 안 돼. 선조들의 옛 규범에 의해 내일 진산 형제가 출빈을 하면 국두와 텐칭은 길을 막고 관을 저지해야 하며, 그로써 효심을 보여야 한다. 마을에 원래 그 두 사람들에 대한 나쁜 소문이 있는데, 내일 우리 양씨가의 사람들이 모두 모여 있으니 효성스러운지 아닌지 그리고 결백한지 아닌지 모두 드러날 것이야. 조상들의 옛 규범에 따라 진산이 죽은 후 국두는 개가가 허락되지 않고, 부도를 다하며 정조를 지켜야 한다. 출빈이 끝나면 양텐칭은 염색공방에서 나와 저녁에는 왕가 집에서 자야 한다. 그렇잖으면 홀아비

와 과부라 비록 조카와 숙모사이라고 하더라도 누대에 걸쳐 맑고 깨끗한 우리 양씨가 사람들이 남들의 입에 오르내리게 해선 안 되지 않겠는가.)

....

按~照　　一脈單傳~ 한 사람이 대를 이음　　外人~ 외부 사람
算數~ 셈에 넣다　　出殯~ 출빈하다(영구가 장지로 나가다)
攔路擋棺~ 攔과 擋은 모두 '막다'의 의미　　以示~ 그로써 ~을 표하다
風言風語~ 소문　　黑白~ 흑백, 옳음과 그름　　准~ 허락하다　改嫁~ 개가하다
盡婦道~ 부도를 다하다　　保貞潔~ 정조를 보전하다　　孤男寡女~ 홀아비와 과부(혼자인 젊은 남녀)　　世世代代~ 누대에 걸쳐(世代)　　清清白白~ 맑고 깨끗함(淸白)　　說閒話~ 배후에서 이러쿵 저러쿵 남의 애기를 하다

■ 揣在懷裏好幾天了, 沒空給你.
(가슴 속에 감춘 지 며칠이나 됐어, 시간이 있어야지.)

....

揣(chuai, 一聲)~ 품다, 감추다

■ 還是你給, 小崽子他不理我.
(그래도 당신이 줘요, 어린 놈이 날 상대하지 않아.)

....

小崽子~ 어린 놈　　不理~ 상대하지 않다

■ 下回不能來這, 老來一個地方, 怕人撞見.
(다음번엔 여기에 오면 안 되겠어요. 한 곳에만 자꾸 오다보면 남과 부딪힐까 겁이 나요.)

....

老~ 언제나(예-老吃同樣的東西)

▌그림 33 ▌ 동굴 속의 밀애

- 整天東躲西藏的.
  (종일 이리저리 피해서만 다니니.)

  ....

  整天~ 하루 종일   東躲西藏~ 이리저리 피하다(예, 東抄西抄)

- 你不說給他, 他成天沖着咱倆殺生殺氣的, 那是要逼死你和我呢.
  (당신이 그 아이에게 말을 하지 않으면 걔는 언제나 우리들을 향해 살기등등하게 대하잖아요. 그건 당신과 나를 말려 죽이는 거예요.)

  ....

  成天~ 언제나   沖~ 달려들다   殺生殺氣~ 살기등등한
  逼死~ 핍박해 죽이다

- 往後這日子越來越難過了.
  (앞으로 이 나날들이 갈수록 지내기가 어려워져.)

  ....

  越來越~ 갈수록 ~하다   難過~ 괴로워하다, 지내기 어렵다

- 這地窖裏的氣是越來越稀, 越來越少了.
  (이 동굴 속의 공기가 갈수록 희박해지고, 적어져요.)

窖(jiao, 4성)~ 움, 동굴   稀~ 희박하다, 드물다

5. 영화 속 문화풍경

┃그림 34┃ 영화 '국두'의 촬영지인 黔縣 南屛村

영화 "국두"의 촬영지는 황산(黃山)의 남쪽 산맥에 위치한 안휘성(安徽省) 검현(黔縣) 남병촌(南屛村)이다. 그리하여 이곳은 '국두의 고향'으로 불리는 곳이다. 중국의 남방은 북방과는 달리 산이 많고 물이 아름답다. 특히 여기는 중국의 전원시인 도연명이 추구하는 도화원의 배경이라고 칭해질 만큼 그 산수가 아름답다. 고증에 의하면 도연명의 후손들이 조상들의 유훈에 따라 고향인 구강(九江)을 떠나 도화원을 찾다가

산수가 아름다운 이곳 남병산 아래에다 터를 잡고 살아왔다고 한다. 몇 년 전에는 "도씨종보(陶氏宗譜)"가 여기서 발견되면서 더욱 도연명의 도화원으로 인정받게 되었다.

┃그림 35┃ '국두' 내부 촬영지 양씨 염색공방

그뿐 아니라 이곳은 외딴 마을에 위치하여 현대문명의 접근이 어려워 명청시대 주민들의 유적이 많이 보존된 곳으로도 유명하다. 게다가 문화대혁명 시기에도 마을주민들이 유물들을 잘 보호하여 아직까지도 사당이나 고택들이 파손되지 않고 잘 보존되어 있다. 특히 안휘성은 산서성(山西省)과 함께 명청시대 상인과 거부(巨富)들이 많이 배출 된 만큼 이곳은 당시 그들이 남긴 민택(民宅)들의 면모를 구경하는데 다시없는 좋은 곳이기도 하다. 그런 이유로 "중국의 제왕들의 생활을 이해하려면 북경으로 가야하고, 중국의 평민들의 생활을 이해하려면 검현으로 가야 한다.(要了解中國帝王生活, 請到北京去; 要了解中國平民生活, 請到黔縣來.)"는 말이 나올 정도라고 한다.

제3편 홍등(大紅燈籠高高掛)

1. 영화의 줄거리

　송련(頌蓮)은 재물에 눈이 어두운 계모에 의해 대부호 진씨가의 네 번째 부인으로 들어간다. 대학을 반 년간 다닌 적이 있는 그녀가 검은 머리를 두 갈래로 땋아 학생 복장으로 이 대 저택에 들어섰을 때 안아(雁兒)라고 하는 계집종이 쌀쌀한 태도로 맞이하였다. 그 외, 진씨가에는 네 명의 부인이 각각 다른 후원에서 거처하는데, 붉은 등롱이 어느 부인의 거처에 올려지느냐에 따라 진씨 주인은 그 부인의 거처에서 하룻밤을 보내는 것이 이 집의 전통이다. 따라서 이 네 명의 부인들은 주인의 총애를 얻기 위해 언제나 서로 시기와 질투를 일삼는 것이 일이었다.

　송련의 눈에 비친 첫 번째 부인은 늙은 태가 만연한 골동품과 같은 존재였으며, 둘째 부인은 겉으로는 다정한 척 언제나 웃지만 속에는 비수를 감추고 있는 무서운 여자였다. 세 번째 부인은 유명한 희극(戲劇) 배우 출신답게 미모를 지녔지만 성격이 사나웠다. 허나 그녀는 둘째 부인에 비해 진솔한 성격을 지닌 여성이며, 나중엔 송련에게 심중의 진담을 토해낼 만큼 악의가 없는 선한 인물이다. 그러나 나중에 진씨가의 의원과 바람을 피우다 둘째 부인의 고발로 옥상에 있는 작은 창고에 갇혀 죽게 된다.

▮그림 36 ▮ 홍등 영화 포스터

송련은 어느 날 자신의 피리가 없어진 것을 알고 언제나 자신의 거처를 기웃거리는 몸종 안아를 추궁한 끝에 그녀의 처소에서 자신의 이름이 적힌 인형에다 바늘을 꽂아놓은 기분 나쁜 물건을 발견한다. 그리고 그것은 그녀를 해꼬지하려고 둘째 부인 탁운이 만든 것임을 알고 그녀의 이중성에 경악한다. 그리고 며칠 후 송련은 그녀에게 이발을 해주며 그녀의 귀를 잘라버린다.

┃그림 37┃ 홍등의 배경인 喬家大院

한편 세 명의 부인과 서로 눈치 보며 지내던 송련은 남편의 총애를 독차지하기 위해 거짓으로 임신한 척하다 이를 알아차린 하녀의 고자질로 둘째 부인이 알게 되고, 결국 거짓 임신이 들통이 난다. 이 사실을 안 진씨 주인은 크게 노하여 그녀를 질책하며 등롱을 영원히 봉해버리는 엄벌을 내린다. 한 순간에 총애를 잃어버린 송련은 이 저택에서의 자신의 존재가 사람이 아니라 개나 고양이나 쥐와도 같은 하찮은 존재임을 통감하게 된다. 그런 가운데 송련은 자신과 암투를 벌이는 둘째 부인의 앞잡이 노릇을 하던 하녀 안아를 엄하게 문책하는 과정에서 본의 아니게 그녀를 얼어 죽게 만들었을 뿐 아니라 또 자신의 생일에 술을 과하게 마시다 취중에 토해낸 실언으로 세 번째 부인마저 죽음을 당하게 만든다. 이런 충격 탓에 송련도 결국 스스로 미쳐버리고 만다. 이듬해가 되어 머리를 헝크러뜨리고 학생복으로 갈아입은 그녀가 실성한 채 후원을 거닐고 있을 때, 다섯 번째의 부인이 이 집에 들어오는 화면이 보이며 영화는 막을 내린다.

2. 영화의 배경과 주제사상

이 영화는 중국의 작가 소동(蘇童)(1963~)이 지은 "처첩성군(妻妾成群)"이라는 중편소설을 장예모 감독이 영화화한 작품이다. "처첩성군"에서는 등롱이 출현하지 않고 대신 우물(井)이 등장한다. 송련이 넷째 부인으로 들어온 진씨 저택의 화원에는 우물이 하나 있었는데 아무도 근처 가까이 가지 않으려는 음산한 곳이다. 이 영화에서는 우물 대신에 집 건물 옥상에 있는 창고가 출현한다. 그 창고는 여러 세대에 걸쳐 죄를 지은 부인들이 갇혀 죽은 곳이다. 소설에선 셋째 부인 매산이 의사와의 간통사건으로 인해 우물에 빠져죽는데 영화에서는 옥상의 창고에 갇혀 죽는다. 평소 색채효과를 영화에 잘 활용하는 장예모 감독이 우물 대신에 붉은 등롱을 사용해 더욱 강렬한 시각적 효과를 거두었다고 할 수가 있다. 원작 소설과 같이 이 영화의 주제사상도 중국봉건제도의 악습이라고 할 수 있는 남존여비사상과 처첩제도의 모순, 그리고 전통이라는 명목 아래 옛 것을 그대로 답습하는 중국의 낡은 예교관에 대한 신랄한 풍자에 있다.

송련이 시집오는 것에서부터 시작하여 마지막엔 그녀가 정신병자가 되어버리기까지 주인공인 그녀를 중심으로 이 영화는 전개되고 있지만 사실 셋째 부인 매산의 죽음과 함께 영화는 막을 내린다고 볼 수가 있다. 매산의 죽음과 함께 송련이 정신병자가 되어버린 점도 이 영화 속의 매산과 매산의 죽음이 상징하는 비중이 얼마나 큰가를 암시하고 있다. 매산의 죽음은 어떤 의미에서는 진정(眞情)을 지닌 순수하고 자유로운 영혼이 사악하고 교활한 인간과 무정하고 냉혹한 사회에 의해 유린됨을 의미한다. 진씨 대저택에서 진정을 지닌 자는 매산을 제외하곤 아무도 없었다. 저택의 남주인 진좌천(陳佐千)은 처첩들을 씨받이나 성욕의 대상으로만 볼 따름이며, 그들의 사활(死活)에 대해선 눈 하나 깜빡하지 않는다. 송련은 비록 신교육을 얼마 동안 받은 여성이지만 환경에 적응하는 약삭빠르고 나약한 인성의 단면만을 보여주는 존재일 따름이다. 이에 반해 매산은 비록 광대 출신일 따름이지만 진실한 정이 있고 눈물이 있고 의리가 있는 여성이다. 그녀는 여러 번 송련을 찾아가 자신의 마음을 열어보였지만 송련은 그런 그녀의 마음을 받아주지 못했다. 그만큼 송련은 매산에 비해 순수하지가 못한 것이다. 죽음과도 같이 음산하고 생기 없는 진씨가에서 생기발랄한 사람다운 사람은 오직 매산 한 사람 뿐이었던 것이다. 그녀와 대조적으로 마치 걸어 다니는 시체와도 같은 진씨가의 주인들과 노복들을 통해 중국의 낡은 제도와 불합리한 관습들이 얼마나 사람의 영혼을 경직시키고 질식시키는가를 이 영화는 똑똑히 보여주고 있다.

앞의 영화들과도 같이 이 영화 속의 남성들도 감독에 의해 매우 부정적으로 그려지고 있음이 사실이다. 남주인공으로서 봉건예교의 화신이라고 할 수 있는 진좌천은 두말 할 것도 없고 그의 아들인 비포(飛浦)만 보아도 그렇다. 표면적으로 나타난 허우대 멀쩡하고 잘 생긴 용모를 보면 그는 송련의 호감을 충분히 살만한 '풍류공자(風流公子)'로 보인다. 그리고 사실 송련은 그의 첫 모습에 매료당했고, 영화에서도 두 사람을 동시에 클로즈업시킴으로써 두 사람이 매우 잘 어울리는 한 쌍임을 암시하였지만 사실 그는 그의 부친과 같이 송장과도 같은 존재일 따름이다. 그의 부친이 봉건예교의 화신으로 이렇다 할 개성이 없는 것처럼 그 역시 젊고 멋진 외모와는 달리 특별한 개성도 풍취도 전혀 느껴지지 않는 밋밋한 각색으로 묘사되었다. 그가 송련과의 술자리에서 보인 모습을 보면 그는 그 어떤 진정도 매력도 느껴지지 않는 인물임을 알 수가 있다. 이처럼 이 영화에서의 남성은 봉건예교를 상징하는 존재로 그 어떤 생기도 없는 무정한 대상으로 묘사된 것이다.

3. 감상 포인트

이 영화는 원작 소설 "처첩성군(妻妾成群)"을 대폭적으로 개편한 작품임을 알아야 한다. 우선 이 작품의 배경을 빠져보면 원작 소설에서는 물 좋고 산이 아름다운 강남의 화원(花園)을 배경으로 하고 있지만 영화에서는 북방 내륙(산서성: 山西省)에 있는 교가대원(喬家大院)이 그 배경이다. 따라서 영화에서는 녹색의 풀 한포기 보이지 않는 딱딱한 대저택의 건물과 기와만이 전부인 관계로 봉건적 색깔이 더욱 진하게 느껴진다.

그리고 소설과 영화를 통해 가장 중요한 주인공인 송련의 형상을 보면, 우선 소설에서의 그녀는 신식교육을 받은 여성으로서 진씨 가정 내부 처첩간의 암투와 질시관계를 스스로 경계하고 멀리하는 자아의식이 강한 봉건제도의 반항자 역할을 하고 있다. 이에 반해 영화 속에서의 그녀는 처첩들 사이에서 자신의 위치를 차지하기 위해 그들과 암투를 벌이며, 그 과정에서 거짓임신까지도 시도하면서 정신적으로 왜곡되고 변질되는 세속화적인 모습을 보이고 있다.

다음으로 영화에서는 원작 소설에서는 없는 붉은 등롱과 발마사지 요소를 가미시켰다. 이로 인해 혹자들에 의해 '날조된 거짓 민속'이라는 혹평을 받기도 했지만 이는 장예모 감독이 좋아하는 시각적인 효과를 높임과 동시에 처첩들 간의 득총(得寵)과 실총(失寵)의 상황을 극적으로 잘 표현하기 위함일 것이다. 그 외에도 영화에서는 북방을 배경으로 한 까닭으로 인해 눈이란 요소도 가미시켰다. 눈은 냉혹한 겨울과 차갑고 냉엄한 봉건예교를 상징할 뿐 아니라 온갖 추악한 봉건예교의 실체를 덮어주는 역할을 담당하고 있다. 셋째 부인 매산이 간통사건으로 옥상의 창고로 끌려가 죽음을 맞이할 때 눈은 마치 아무 일도 없는 것처럼 그 잔혹하고 추악한 봉건예교의 현장을 덮어버리는 작용을 함으로서 영화의 주제를 더욱 극대화시키고 있다.

 이 뿐만이 아니라 영화에서는 소설과는 달리 송련과 비포와의 애매한 관계를 노골적으로 표현하지 않고 극히 함축적으로 처리하고 있다. 영화 속의 비포는 송련의 인생에 그 어떤 결정적인 작용도 끼치지 못하는 극히 평면적인 인물로 처리되고 있다. 마지막으로 이 영화 속에는 사계절의 교체 가운데 봄을 넣지 않았음은 진씨가에는 봄의 생기와 활력이 전적으로 부재함을 암시하고 있다.

■ 영화 속의 명대사~

人和鬼就差口氣, 人就是鬼, 鬼就是人!
點燈、滅燈、封燈, 我是無所謂了！我就是不明白, 在這個院裏人算個什麽東西？像狗, 像貓, 像耗子, 什麽都像, 就是不像人！
(사람과 귀신은 입김만 다를 뿐이죠. 사람이 바로 귀신이고, 귀신이 바로 사람이에요! 점등, 멸등, 봉등, 그 어떤 것도 나는 전혀 상관하지 않아요. 하지만 나는 이해할 수가 없어요. 이 집에서 도대체 사람이란 어떤 존재인거죠? 개와도 같고, 고양이와도 같고, 쥐와도 같고, 그 어떤 것들과도 같지만 아무리 보아도 사람 같아 보이지는 않아요!)

4. 영화 속의 대사

1) 夏(신혼 초의 적응기)~

송련은 계모에 의해 대가집의 넷째 부인으로 전락되어 진씨가의 대저택으로 들어온다. 진씨가에 시집오는 첫날 그녀는 쌀쌀맞게 구는 몸종 안아와 성질이 사나운 셋째 부인 매산을 통해 그들과 대항하는 과정에서 점점 주어진 환경에 적응하는 방법을 얻게 되고, 점차 자신의 생존 전략을 발휘하게 된다. 특히 그녀는 고집이 강한 몸종 안아와 여러 문제로 사이가 틀어지게 되고, 셋째 부인 매산은 그녀에게 점점 마음을 열며 함께 마작을 하자도 권하기도 한다. 또 둘째 부인 탁운은 언제나 웃음을 띠며 그녀를 대하며 또 그녀에게 비단을 선물하면서 환심을 사려고 하기도 한다.

- 嫁人就嫁人, 嫁給什麽人, 能由得了我嗎? 女人不就這麽回事嘛!
  (시집가라면 시집가면 되죠. 누구에게 시집갈지 제 힘으로 어떻게 하겠어요? 여자는 다 그런 것 아니겠어요!)
  ....
  嫁人~ 시집가다   由得了~ ~가 주관하다(반의어는 由不了)

- 花轎去接你啦, 你沒見着?
  - 我自己走來了.
  (꽃가마를 보내 모셔오게 했는데, 못 보신 모양이죠?
  - 그냥 혼자 걸어왔어요.)
  ....
  花轎~ 꽃가마

- 你把箱子給我拎進去.
  (상자를 들고 들어와.)

拎~ 손으로 물건을 들다(ling, 一聲)

┃그림 38 ┃ 시집오는 날

- 我是管家陳百順, 有事盡管吩咐.
  (저는 집사 진백순이라고 합니다, 무슨 일이 있으면 언제든 분부만 하십시오.)

  管家~ 집사   盡管~ 마음껏 얼마든지

- 這屋子裏干嘛掛這麽多紅燈籠?
  (이 집에 왜 이렇게 많은 붉은 등롱을 매달아놓았죠?)

  干嘛~ 왜   掛燈籠~ 등롱을 걸어두다

┃그림 39 ┃ 하녀 안아와의 첫 대면

■ 怎麽樣? 脚捶得還舒服吧?
  (어때? 발 두드리니 좀 편안하니?)

捶~ 두드리다

┃그림 40 ┃ 신혼 첫날밤

■ 女人的脚最要緊, 脚舒服了, 就什麽都調理順了, 也就更會伺

제3편 홍등(大紅燈籠高高掛) | 107

候男人了.
(여자는 발이 가장 중요해, 발이 편안하면 무엇이든 모두 순조로워지고, 더욱 남자를 잘 시중들게 되지.)

....

要緊~ 중요하다   調理~ 조리, 요양하다   順了~ 순조롭다
伺候~ 시중을 들다

- 你把那盞燈端起來. 把燈擧高點, 臉擡起來, 洋學生到底是不一樣.
(그 등을 들어봐, 등을 좀 높이 들어 보게, 얼굴을 들어봐, 양학생은 역시 다르군.)

....

盞~ 종지, 잔 등을 세는 양사임   擧高~ 높이 들다   到底~ 도대체, 역시, 결국

- 我就是爲了看淸淸楚楚, 才點這麽多燈.
(나는 다른 게 아니라 잘 보려고 이렇게 많은 등을 켠 거야.)

....

點燈~ 등을 켜다

- 三太太要是有什麽三長兩短, 我們擔當不起.
(셋째 부인께서 만약 무슨 변고가 생기면 우리는 감당 못합니다.)

....

三長兩短~ 변고(죽음 등과 같은)
擔當~ 감당하다(擔當得起, 반대는 擔當不起)

- 我去看看, 要不然她會鬧騰一夜.
(나 한번 가볼게, 그렇잖으면 그 여잔 밤새 내내 소란을 피울 거야.)

要不然~ 그렇지 않으면 　　鬧騰~ 소란을 피우다
一夜~ 밤새, 밤 내내(整夜)

- **我帶你去拜見老祖宗和三位太太.**
  (제가 당신을 모시고 조상님과 세 분의 부인을 뵙도록 하겠습니다.)

  拜見~ 뵙다　　老祖宗~ 조상님

- **陳家的老規矩都是老祖宗傳下來的, 老規矩往後都馬虎不得.**
  (진씨가의 옛 규범은 모두 조상이 남긴 것입니다. 오랜 규범은 앞으로 대충 넘어가서는 안 됩니다.)

  馬虎不得~ 대충해선 안 된다. 不能馬馬虎虎

- **大太太, 四太太向您請安來了.**
  (큰 마님, 넷째 부인께서 문안하러 왔습니다.)

  向~請安 ~ 누구에게 문안인사하다

- **聽說你念過書? 好, 知書達理就好. 到了府上慢慢就慣了, 以後和姊妹們要和睦相處, 好生伺候老爺. 罪過, 罪過!**
  (듣자니 넌 글을 읽었다지? 그래, 책을 읽었으니 이치에 통달하겠네. 차츰 이곳에 적응이 될 거야. 앞으로 자매들과 화목하게 지내면서 주인님을 잘 모시도록 하거라. 업보로다, 업보로다!)

  聽說~ 듣자니　　念過書~ 글을 배운 적이 있다, 학교를 다닌 적이 있다
  知書達理~ 책을 읽어 이치에 통달하다　　慣了~ 習慣了

和睦相處~ 서로 화목하게 지내다   好生~ 好好的   罪過~ 업보

- **長得眞秀氣, 頌蓮? 名字跟人一樣秀氣.**
  (정말 수려하게 생겼네. 송련이라구? 이름도 사람처럼 수려하네.)
  ....
  秀氣~ 빼어나다

┃그림 41┃ 집사의 판에 박힌 일상

- **看上去你好像正在念書?**
  (보아하니 넌 아직 학교에 다니고 있는 듯하구나?)
  ....
  看上去~ 看起來   正在~ 현재 ~하는 중이다

- **家父去世了, 家裏供不起了.**
  (가부께서 돌아가셔서 집에서 밀어줄 수가 없어서요.)
  ....
  家父~ 남에게 자신의 아버지를 겸손하게 칭하는 말(예, 家母, 令尊, 令堂)

供不起~ 제공할 능력이 없다

■ 老人家高齡啊?
(어르신 연세가 어떻게 되지?)
....
老人家~ 어르신   高齡~ 연세, (어르신 등의) 나이를 높여서 일컫는 말

■ 還不到六十呢! 人生眞是不測啊.
(예순도 안 됐구만! 사람의 삶이란 정말 알 수가 없어.)
....
不測~ 추측을 하지 못하는 위험, 추측을 못하다

■ 家父以前就是做茶葉生産的, 後來鋪子倒閉了.
(가부께서도 옛날 찻잎 생산하는 일을 했어요, 근데 나중에 가게가 망해 문을 닫았어요.)
....
做~生産 ~ ~생산을 하다   茶葉~ 차   鋪子~ 가게   倒閉~ 망해 문을 닫다

■ 嫁得這麽遠, 令堂大人捨得讓你過來?
- 她是繼母.
(이렇게 멀리 시집가는데, 떠나는 걸 어머님께서 아쉬워하지 않았어?
- 계모예요.)
....
令堂~ 남의 어머니를 높여 부르는 말   捨得~ 아까워(아쉬워)하지 않다.(반대는 捨不得)   繼母~ 계모

■ 這脚可不是誰想捶就能捶的. 老爺要住哪院, 哪院才點燈捶脚.

제3편 홍등(大紅燈籠高高掛) | 111

(그 다리는 말야, 아무나 두드리고 싶다고 두드릴 수 있는 게 아니야.
  나으리께서 어느 후원에 드시려고 하면 그 곳에서만 등을 켜고 다리를
  두드리는 거야.)
  ....
  可不是~ 절대 아니다

- **沒本事, 只生了個丫頭.**
  (능력이 없어, 계집애만 하나 낳았어.)
  ....
  本事~ 능력   丫頭~ 계집애

- **哎, 你看我光顧着說話了.**
  (아이참, 내가 말만 하기 바빴네.)
  ....
  光~ 단지, 다만   光顧着~ ~하는 건만 생각하다

- **什麼病呀? 老爺慣出來的毛病.**
  (병은 무슨 병, 나으리가 오냐오냐해서 키워낸 병이지.)
  ....
  慣~ 오냐오냐 하며 대하다. 縱容, 放任(예, 嬌生慣養)

- **你可不能這樣, 你看着老爺喜歡你, 就想當太太啦? 你就不是
  當太太的命. 別胡思亂想了.**
  (너 그러면 안 돼, 나으리가 널 좋아한다고 해서 마님이 되려고 하는
  거야? 넌 마님이 될 팔자가 아냐. 엉뚱한 생각을 말어.)
  ....
  當~的命~ ~이 될 운명(팔자)   胡思亂想~ 쓸데없는 생각을 하다

- 你們兩個還沒見過面吧?
  (두 사람이 초면이죠? (아직 만나 서로 만나 본 적이 없죠?))
  ....
  見面~ 만나보다

- 四太太, 老爺吩咐, 叫您到門口聽招呼.
  (넷째 마님, 나으리께서 분부하시길, 문 입구에서 부름을 기다리시라고 합니다.)
  ....
  聽招呼~ 부름에 응하다

- 這梅珊, 越慣越刁了.
  (이 매산이 봐 줄수록 더 간사해지군.)
  ....
  刁~ 간사하다

- 怎麽, 擾了你的好夢啦?
  (왜 그래, 너의 좋은 꿈을 방해했니?)
  ....
  擾~ 방해하다

- 對, 你把我吵醒啦!
  (그래요, 당신이 저를 시끄럽게 해서 잠을 깨웠어요.)
  ....
  吵~ 시끄럽다   醒~ 깨다   吵醒~ 시끄럽게 하여 잠을 깨우다

- 醒了好, 要不, 越睡越糊塗!
  (깨는 게 좋지, 그렇잖으면 잘수록 더 멍청해지지.)

糊塗~ 어리석다, 멍청하다

▎그림 42 ▎송련의 신혼초야를 망친 세 번째 부인 매산

- 她一不順心, 就敢罵我的祖宗八代. 這個狗娘養的. 看我遲早收拾她.
  (그 여자는 마음이 틀어지면 내 조상 선조들까지도 욕하지, 되먹지 못한 계집 같으니! 내가 조만간 손을 볼거야.)

  不順心~ 마음이 틀어지다   祖宗八代~ 조상 팔대   狗娘養的~ 되먹지 못한 계집(큰 욕임.)   收拾~ 손을 보다

- 別耍小孩子脾氣啦!
  (어린 아이 같은 성깔 부리지 말어!)

  脾氣~ 성질(예, 他脾氣不好. 他有脾氣.)   耍脾氣~ 성깔을 부리다

■ 別以爲老爺摸你一把就怎麽樣.
  (나으리가 너를 좀 만져준다고 대단하게 생각하지 마!)
  ....
  以爲~ ~라고 오해하다.
  別以爲~ ~라고 오해하지 마라

■ 你成天掛一副死人臉給誰看?
  (너 매일 죽은 사람과 같은 기분 나쁜 얼굴을 하고 누구에게 보여주고 있는 거야?)
  ....
  成天~ 매일   掛臉~ 기분 나쁜 얼굴을 하다

■ 不點燈, 不捶脚, 心裏不痛快吧?- 我才不在乎呢, 一個人反倒清靜.
  (등도 안 켜고 발도 안 두드리니 마음이 즐겁지 않지?
  - 전 그런 거 개의치 않아요. 혼자 있는 게 오히려 조용하고 좋아요.)
  ....
  捶~ 두드리다   反倒~ 오히려   清淨~ 조용하고 좋다

■ 二姐, 要你送我東西這多不好意思. 應該我送你才對.
  - 這是什麽道理?
  (둘째 언니, 언니가 저에게 물건을 주니 그런 법이 어딨어요. 오히려 제가 드려야죠.
  - 그런 법이 어딨어.)
  ....
  多~ 얼마나, 매우   不好意思~ 미안하다, 죄송하다

┃그림 43 ┃ 송련에게 다가서는 매산

- 你看他今晚那得意勁兒!
  (그 여자 오늘 저녁 득의양양한 모습을 한번 봐봐!)

  得意~ 득의해하다   得意勁兒~ 득의해하는 모습

- 四妹, 三缺一, 賞個臉吧!
  - 我沒那個興致.
  (넷째 동생, 세 명이라 한 사람이 모자라, 체면 좀 채워 줘!
  - 난 그럴 흥이 없어요.)

  賞臉~ 체면을 세워주다   興致~ 흥취, 흥

- 走吧, 一個人悶在屋子裏多沒意思.
  (가자, 혼자 집에 박혀있으면 얼마나 심심해.)

悶~ 답답하다   沒意思~ 재미없다

■ 還在爲那個菠菜豆腐生我的氣吧?
  - 那倒不至於.
  (아직도 그 시금치두부 요리 때문에 내게 화가 난 거야?
  - 그건 아니에요)
  ....
  不至於~ ~은 아니다

■ 誰輸誰瀛還眞說不準呢.
  (누가 지고 누가 이기는지는 아무도 알 수 없죠)
  ....
  輸瀛~ 지고 이기다   說不準~ 확실히 말할 수 없다

■ 管他回不回來, 玩咱們的. 你今晚算是給卓雲做件好事吧.
  (그가 오든 말든 신경 쓰지 말어, 우리 놀이에만 신경 써. 오늘 저녁은 탁운에게 좋은 일을 하나 해준 셈 쳐.)
  ....
  做件好事~ 좋은 일을 하나 하다

■ 念書有什麼用, 還不是老爺身上的一件衣裳, 想穿就穿, 想脫就脫.
  (책을 읽는 게 무슨 소용이 있어요! 주인님 몸의 의복일 따름이잖아요, 그가 입고 싶으면 입고, 벗고 싶으면 벗는)
  ....
  念書~ 학교 다니다, 글을 읽다   還不是~ ~가 아니고 뭐겠어요?

■ 老爺, 我還想再給你生兒子.

(나으리, 나으리를 위해 아들을 하나 더 낳고 싶어요.)

....

還想~ 여전히(아직도) ~하고 싶다   生兒子~ 아들을 낳다

┃그림 44 ┃ 매산의 정인 고의생

- 這是梅珊當年紅遍全城的時候 場場叫彩的壓軸戲.
- 再不是當年啦.

(이 곡은 매산이 당시 全城에서 인기를 누리고 있을 때, 장장마다 사람들이 환호성을 보내던 가장 인기 있던 곡이죠.
- 이젠 다 지난 일이죠)

....

當年~ 당시   紅遍全城~ 성 내에서 모든 인기를 다 차지하다   場場叫彩~ 장장마다 관객들이 환호성을 지르다   壓軸戲~ 가장 훌륭한 곡

2) 秋(크고 작은 사건의 전개시기)~

주룩주룩 비와 함께 가을이 찾아온다. 음산한 가을의 도래와 함께 진씨가에서도 불상사들이 하나 둘 전개되기 시작한다. 송련은 어느 날 옥

상에서 나는 피리 소리에 이끌려 올라가 큰부인의 아들 비포를 처음으로 대하고 마음이 끌리게 된다. 그리고 이어 자신의 가방 속에 감춰 둔 피리가 없어진 것을 알고, 자신과 마음이 맞지 않는 몸종 안아의 짓으로 의심한다. 그리고 그녀를 거처로 끌고 가 강제로 방을 수색하지만 피리는 보이지 않고 자신을 해치기 위한 주술 인형을 하나 발견한다. 그리고 그 배후의 인물이 다름 아닌 둘째 부인 탁운임을 알고 크게 놀란다. 연이어 탁운이 그녀를 찾아와 머리를 잘라달라고 부탁하자 송련은 복수를 생각하였는듯 가위로 그녀의 귀를 잘라버린다. 한편 셋째 부인 매산은 그녀를 찾아와 자신의 속마음을 얘기하고 그녀에게 진심을 고백한다. 송련은 진씨가에서 자신의 입지를 굳히기 위한 생각으로 일부러 임신했음을 알리며 남편과 몸종들로부터 지극한 관심과 정성어린 시중을 받게 된다.

■ 這大院子裏有點鬼氣.
  - 胡說, 哪來的鬼氣?
  (이 큰 집에 웬지 음산한 기운이 있어요.
  - 쓸데없는 소리, 어디 음산한 기운이 있단 말이야?)
  ....
  鬼氣~ 귀신의 기운, 음산한 기운

■ 那還用問, 免不了是些見不得人的事.
  (물어나 마나지. 당연히 남부끄러운 짓을 한 것이지.)
  ....
  免不了是~ ~을 면하기 어렵다, 당연히 ~이다
  見不得人的事~ 떳떳하지 못한 짓거리, 남사스러운 짓

■ 隔多遠我都聞得見她身上那股騷味.

(아무리 멀어도 나도 그녀 몸에서 나는 음탕한 냄새를 맡을 수가 있어요.)

....

隔多遠~ 아무리 멀어도   聞得見~ 맡을 수 있다

騷味~ 여자의 바람기나 음탕한 냄새

■ 我不去, 讓他們把飯端上來.

  - 這不合適, 還是到前邊去吃, 省得被她們笑話.

(난 안가요, 사람들에게 밥을 들고 오라고 하세요.

  - 그건 안 되지. 그래도 앞에 가서 먹어, 그녀들이 놀리지 않도록.)

....

不合適~ 적절하지가 못하다   省得~ 免得, ~하지 않도록   笑話~ 놀리다

┃그림 45┃ 송련이 없는 부인들의 식사 장면

■ 大姐, 今兒個我可把話說在前頭, 往後只要在我三院點燈, 我也把飯端回來吃.

  - 盡胡說, 你把咱們大姐往哪兒放?

  - 我算什麼? 我早就是老古董了. 這陳家早晚會敗在你們手裏.

(큰 언니, 오늘 제가 미리 말을 해 두겠지만 앞으로 제 후원에서 등롱이 켜지기만 하면 저도 밥을 들고 오라고 해서 먹겠어요.
- 허튼 소리, 너 지금 우리 큰 언니를 뭘로 보는 거야?
- 내가 뭐야 이 집에서? 난 이미 필요 없는 폐물이야. 이 진씨가가 조만간 너희들 손에 의해 망하고 말거야.)

....

把話說在前頭~ 말을 미리 해두다   老古董~ 오래된 골동품
敗在~的手裏~ ~의 손에 무너지다

- 你是頌蓮吧?- 按輩份, 你不該喊我的名字.- 應該怎麼叫? 叫你四太太?

(당신이 송련이죠?- 서열에 의하면 당신이 내 이름을 부르면 안 되지.- 그럼 어떻게 불러야 하죠? 넷째 부인요?)

....

輩份~ 신분, 서열   喊~的名字~ 누구를 이름으로 부르다

┃그림 46 ┃ 비포와의 첫 만남

- 是我的笛聲把你引來吧?- 你接着吹吧, 不打擾你了.

(내 피리 소리가 당신을 여기로 오게 했죠?- 계속해서 불어요, 방해하지 않을게요.)

....

笛聲~ 피리소리   引來~ 유인하여 오게 하다   接着~ 계속해서 ~하다
打擾~ 방해하다

- 四太太, 你可不要隨便糟賤人, 我偸你的笛子幹什麽?
  - 你整天鬼鬼祟祟的, 還裝着沒事.
  - 四太太, 你可不要寃枉好人. 你問問別人, 我什麽時候拿過別人一個子兒?

(넷째 마님, 함부로 남을 모욕하지 마세요. 제가 당신 피리를 훔쳐 뭐하게요.
  - 니가 매일 몰래 뭘 하는지 수상했어, 그래도 아무 일도 없는 척 해?
  - 넷째 마님, 억울하게 생사람 잡지 마세요. 다른 사람에게 한번 물어보세요, 제가 언제 다른 사람의 조그만 물건이라도 훔친 적이 있는지요.)

....

隨便~ 마음대로   糟賤~ 모욕하다   鬼鬼祟祟~ 남 몰래 무슨 행동을 하다
裝~ ~인 척하다   沒事~ 아무 일도 없다, 괜찮다   寃枉~ 억울하다

- 這燈籠是你一個丫環隨便點的嗎?
  - 四太太, 我求求你, 千萬不要往外講啊.

(이 등롱이 너 같은 하녀가 마음대로 켜는 것이야?
  - 넷째 마님, 제발 부탁컨대 바깥에다 얘기하지 마세요.)

....

丫環~ 하녀   千萬不要~ 절대 ~하지 않다   往外講~ 외부 사람들에게 얘기하다

- 事情過去就過去了, 我也不記你的仇.

(지난 일이니 더 이상 관여 않겠어, 나도 더 이상 너에게 원한을 갖지 않겠어.)

....

記仇~ 원한을 갖다

- 怪我多心了. 我還以爲是哪個男學生送給你的.

(내가 쓸데없이 많은 생각을 했군. 나는 또 어떤 남학생이 선물한 걸로 알았지.)

....

怪~ 탓하다   多心~ 괜한 생각을 하다   還以爲~ ~라고 오해를 했다

▎그림 47 ▎보살의 얼굴과 전갈의 마음을 지닌 둘째 부인 탁운

- 我最恨別人給我臉色看.
  - 那你去卓雲那去吧, 反正她成天都是笑眯眯的.
  - 去就去.

(나는 다른 사람이 내게 인상 쓰는 걸 제일 싫어 해.
  - 그럼 탁운에게 가세요, 여하튼 그녀는 언제나 웃음을 짓잖아요.

- 가라면 못 갈 것 같애.)

給~臉色看~ 누구에게 인상을 쓰다   笑眯眯~ 웃으며 미소를 짓는 모양

■ 你是洋學生, 見過世面, 我就要你剪.
(넌 양학생이라 세상견문이 넓잖아. 난 네가 내 머릴 자르길 원해.)

見過世面~ 세상견문이 넓다

■ 好好兒的怎麽想起剪頭髮來了?
(무단히 왜 머리를 자를 생각을 했어요?)

好好兒的怎麽~ 무단히 왜   剪頭髮~ 이발하다

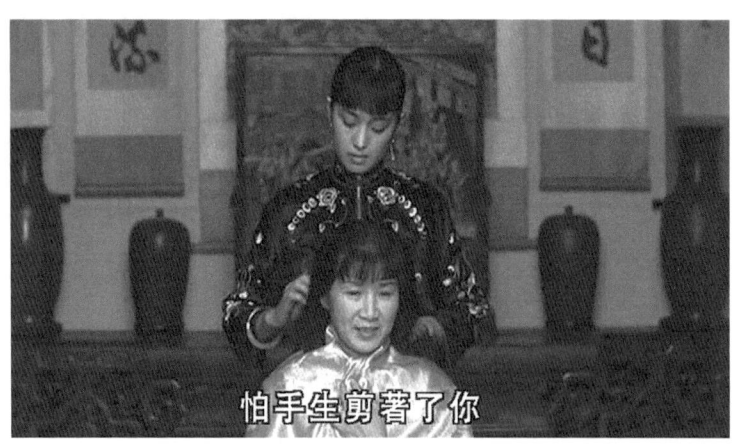

┃그림 48 ┃ 탁운의 머리를 자르는 송련

■ 我怕手生剪着了你.
(솜씨가 없어 다치게 할까 두려워요.)

手生~ 손이 서투르다

■ 你這是什麼意思, 難道說我是故意的嗎?
  - 那只有天知道. 卓雲這個人是菩薩臉蝎子心, 她的壞點子比誰都多. 你別看我跟你鬧, 其實我最恨的是她. 我知道我不是她的對手. 也許你能跟她鬪一鬪.
  (무슨 뜻이죠? 제가 고의로 그랬단 말인가요?
  - 그건 하늘만이 알겠지. 탁운 그 여자는 보살 얼굴에다 전갈 마음을 지녔지. 나쁜 음모를 꾸미는 데엔 그 누구도 따라올 수가 없지. 내가 너와 다투는 것 같아도 사실 가장 미워하는 건 그 여자야. 난 그 여자의 적수가 못 된다는 걸 알아. 아마 너라면 그 여자와 한번 싸워봄직해.)

  故意的~ 고의적이다   菩薩臉蝎子心~ 보살의 얼굴에 전갈의 마음
  點子~ 아이디어, 생각   對手~ 적수   鬪~ 싸우다

■ 她暗地裏叫人在我飯碗裏放墮胎藥, 結果我命大, 胎兒沒掉下來, 後來兩人差不多同時要生, 她又想生在我前頭, 花了好多錢打外國來的催産針. 結果我還是命大. 她是竹籃打水一場空生了憶眞, 不過是小賤貨.
  (그 여자는 몰래 사람을 시켜 내 밥그릇 안에다 낙태약을 넣기도 했지. 그런데 내가 명이 길어 태아는 떨어지지 않았지. 나중엔 두 사람이 거의 같은 시기에 출산하려고 했는데, 그 여잔 나보다 먼저 낳기 위해 외국에서 온 출산촉진제 주사를 수많은 돈을 들여서 맞기도 했어. 그래도 내가 운이 좋아 그녀는 광주리로 물을 긷듯 아무 수확이 없이 억진이라는 딸만 낳았지.)

  暗地裏~ 몰래   墮胎藥~ 낙태약   胎兒~ 태아

催産針~ 출산촉진 주사　竹籃打水一場空~ 대나무 광주리로 물을 긷지만 얻는 것이 없다　不過是~ ~일 따름이다　　小賤貨~ 천한 계집아이

- 怎麼搞的?
  -老爺, 你昨天才來一個晚上, 四妹就把我恨成這個樣子, 差點要了我的命.
  (어찌 된 거야?
  - 나으리, 당신이 어제 겨우 하루 저녁 왔는데 넷째 동생이 저를 이렇게 미워했지 뭡니까, 하마터면 제 목숨을 앗아갈 뻔했어요.)

恨成~ 미워하여 ~정도다　　差點~ 하마터면 ~할 뻔하다
要命~ 목숨을 앗아가다

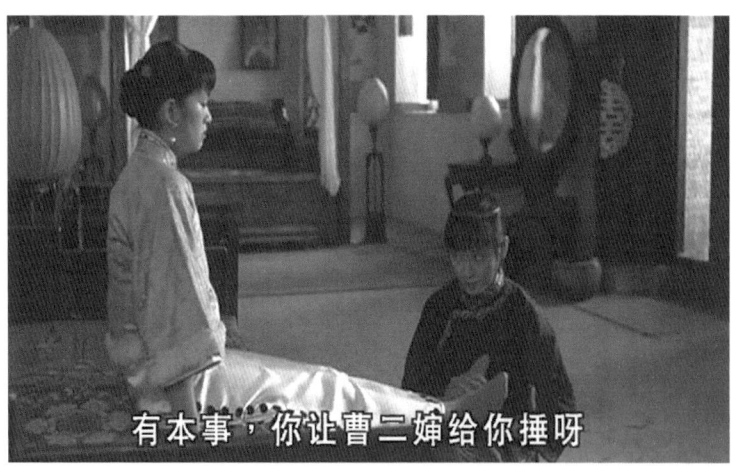

그림 49 안아에게 발마사지를 시키는 송련

- 有本事, 你讓曹二嬸給你捶呀.
  - 不會捏就別捏了. 我有沒有本事, 漫漫走着瞧吧!
  (능력이 있으면 조이 아줌마에게 두드려달라고 하세요.

- 주무를 줄 모르면 그만 주물러. 내가 능력이 있는지 없는지 천천히 두고 봐!)

....

捏~ 주무리다　　　走着瞧~ 두고 보다

■ 我就覺得四太太這兩天不對勁兒, 老爺大喜, 這回又得添個大胖少爺.
(제가 요 며칠 넷째 마님이 좀 이상하다고 느꼈어요, 나으리 축하드려요, 이번에도 떡두꺼비 같은 도련님을 보태게 됐네요.)

....

不對勁兒~ 이상하다　　　少爺~ 도련님

3) 冬(비극의 발생과 종말)~

　　차가운 겨울과 함께 진씨가에도 냉랭한 기운이 다가온다. 송련은 거짓 임신으로 갖은 호강을 누리며 지내지만 자신이 벗어 둔 혈흔이 묻은 속옷이 몸종 안아에 의해 발견되면서 비극은 시작된다. 안아는 이 사실을 둘째 부인 탁운에게 고자질하고, 그 사실을 안 탁운은 그녀를 의심하여 나으리를 찾아가 고의생을 청해 송련의 몸상태를 진료하게 한다. 결국 거짓 임신이 발각되고, 송련은 영원히 등을 봉해버리는 엄벌에 처해진다. 송련은 자신의 거짓 임신이 밝혀진 것이 안아가 자신의 속옷을 탁운에게 고자질한 것이라고 굳게 믿어 안아의 약점인 등롱사건을 들춰내어 그녀를 처벌한다. 안아는 이 사건으로 눈 바닥에서 벌을 받다가 죽는다. 연이어 셋째 부인 매산도 정인인 고의생과 몰래 정을 통하다 발각되어 죽음을 맞는다. 특히 자신의 실수로 인해 죽음을 맞게 된 매산의 결말을 목도한 송련은 그 동안의 정신적 충격을 이기지 못한 듯 결국 미쳐버리고 만다. 다음 해 여름, 다섯 번째 부인이 진씨가에 들어왔을 때 송련은 머리를 헝크린 채 처음 이 저택에 들어왔을 때처럼 학생복을 입고 이리저리 거니는 정신병자가 되어 있었다.

- 這麼多菜還堵不住嘴.
  (이렇게 많은 음식이 있어도 그 입들을 막지 못해.)
  ....
  堵~ 막다   堵不住~ 막지 못하다

- 這些日子四太太身體不爽快, 老爺說, 讓你去給四太太捏背.
  (요즘에 넷째 마님이 몸이 좋지 않으니 나으리께서 말씀하시길, 둘째 마님이 넷째 마님의 등을 좀 주물러 주라고 하십니다.)
  ....
  爽快~ 상쾌하다   捏背~ 등을 안마하다

- 二姐, 去就去嘛, 把你伺候老爺的本事都使出來, 不會吃虧的.
  (둘째 언니, 오라면 가면 되죠 뭐. 나으리를 모시는 능력을 모두 발휘해 보세요. 손해 안 봐요.)
  ....
  使出來~ 발휘하다, 드러내다   吃虧~ 손해보다

- 我看四妹這幾天氣色不太好, 人也沒精神, 可別像我當年懷憶眞時那樣, 差點小産了都不知道. 我想得請高醫生來給看看了.
  - 對, 你不提醒我倒疏忽了.
  (제가 보기에 넷째 동생이 요즘 혈색이 좋지 않고 사람도 힘이 없어요. 옛날 제가 억진을 임신했을 때처럼 해선 안 돼요. 그때 하마터면 유산할

뻔한 것도 몰랐잖아요. 제 생각으론 고의생을 청해다 한번 보게 했으면 해요.
- 맞아, 당신이 환기시키지 않았다면 내가 모르고 그냥 넘어갈 뻔 했군.)

氣色~ 혈색   沒精神~ 힘이 없다   小産~ 유산하다
疏忽~ 소홀히 여기다

┃그림 50 ┃ 거짓 임신으로 호강하는 송련

■ 高醫生又受累了.
  - 哪裏 哪裏. 有些話不知道該不該說?
  怎麽? 頌蓮有什麽不好?
  - 陳老爺, 四太太沒有身孕.
  (고선생 또 수고가 많구려.
  - 뭘요, 뭘요! 이 말씀을 드려야 할지 모르겠네요.
  왜 그러시오? 송련이 무슨 문제가 생겼어요?
  - 나으리, 넷째 마님은 임신을 하지 않았습니다.)

受累~ 수고를 하다   身孕~ 임신

▎그림 51 ▎송련의 거짓 임신을 눈치 채고 밀고하는 탁운

- 混帳! 居然騙到我的頭上來. 你簡直沒有王法了.
  (바보같으니! 어떻게 나를 속이고 내 머리 위에서 놀 수 있단 말인가?
  너 정말 눈에 보이는 게 없군!)

  ....

  混帳~ 멍청한 것(욕)   居然~ 도대체   騙~ 속이다   簡直~ 정말,
  거의 ~이다   沒有王法~ 멋대로다

- 你眼裏都有什麽人? 你把我們這些當太太的往哪擱?
  - 四妹, 你先別生氣嘛, 犯不着與下人一般見識.
  - 府上的規矩就是規矩, 可誰都難免有錯啊. 四妹, 你別嫌我把
    話說白了, 你不也剛被老爺封了燈嗎?
  - 封了燈, 我也是太太. 大姐, 今日老爺不在, 當着
    陳家上上下下所有人面前, 你說句話, 我犯了規矩封我的燈,
    丫環犯了規矩該不該處置?

(너 안중에 보이는 게 없어? 우리 마님들을 뭘로 보는 거야?
- 넷째 누이, 화를 거두어, 하인들과 같이 입 섞어 다툴게 뭐 있어?
- 집안의 규칙도 규칙이지만 누구도 잘못을 하지 않을 수가 없지. 넷째 야, 내가 직설적으로 말하는 걸 탓하지 마, 너도 막 나으리에게 등을 봉하는 일을 당하지 않았니?
- 등을 봉해도 마님은 마님이죠. 큰 언니, 오늘 나으리가 없으니 진씨가 의 상하 모든 사람들 앞에서 몇 마디 하세요. 제가 규칙을 어기면 제 등을 봉하지만 하녀가 규칙을 어기면 처벌을 해야 되요 말아야 해요?)

攔~ 放   難免~ 면하기 어렵다   一般見識~ 같은 수준   處置~ 처벌하다

┃그림 52┃ 안아를 징벌하는 송련

- 老爺吩咐, 你認個錯, 就放你起來.
 (나으리가 분부하길, 네가 잘못을 인정하면 일어나라고 하셨다.)

認錯~ 잘못을 인정하다

- 管家, 盡量用好藥, 錢不要在乎. 不要讓人家說我們不管下人 的死活.

(집사, 가능한 좋은 약을 사용해, 돈은 신경 쓰지 마, 남들이 우리가 하인들이 죽고 사는 데 관심도 없다는 말을 하지 않도록 해.)

盡量~ 가능한 많이   在乎~ 신경 쓰다.(반의어는 不在乎)
不管~ 상관하지 않다   下人~ 하인   死活~ 사활

■ 三姐戲唱得眞好.
- 什麽好不好, 本來就是做戲嘛. 戲做得好能騙別人, 做得不好只能騙自己. 連自己都騙不了的時候, 那只能騙騙鬼了.
- 人跟鬼只差一口氣. 人就是鬼, 鬼就是人.
  (셋째 언니는 참 노래를 잘 해요.
- 잘하고 못하는 게 있어? 원래 노래를 불렀는데. 노래를 잘 하면 남을 속일 수 있고, 잘 못하면 자기만 속이지. 자신도 속일 수 없을 땐 귀신만 속일 따름이지.
- 사람과 귀신은 숨 하나만 차이일 뿐이에요. 사람이 귀신이고, 귀신이 사람이죠.)

一口氣 ~ 단숨에, 숨 한 숨   騙不了~ 속일 수 없다

┃그림 53 ┃ 안아를 두둔하는 탁운

■ 四妹, 不是我說你, 你犯不上與雁兒小題大作. 傢着掛燈籠就掛去吧, 不就是丫環想做太太夢嗎?
 - 我不是小題大作, 我是殺鷄給猴看.
 - 倒也是, 她一個丫環能有多大能耐, 還不是背後有人.
(넷째야, 내가 널 핀잔주는 건 아닌데 말이야, 너 안아와 아무 것도 아닌 일로 그러더라. 몰래 등롱을 걸어놓으면 걸어놓으라고 하면 되잖아. 하녀가 마님이 될 꿈을 꾸는 건데 뭘 그래.
 - 난 아무 것도 아닌 일을 크게 벌이는 게 아니고, 닭을 죽여서 원숭이에게 보여주는 거예요.
 - 그 말도 맞아. 하녀 하나가 무슨 능력이 있겠어? 배후에 누군가가 있는 거지.)

....

小題大作~ 작은 일을 크게 해석하다   猴~ 원숭이
能耐~ 능력 背後有人~ 배후에 누군가가 있다

┃그림 54┃ 송련에게 진정을 토로하는 매산

■ 實話跟你說, 我呆會兒就去找高醫生, 看你們能把我怎麼樣?
(사실을 네게 말하지, 난 좀 있다가 고의생을 만날 거야, 너희들이 날

어떻게 하는지 한번 보자꾸나.)

....

實話~ 사실　　呆會兒~ 잠시 후

■ 活着受苦, 死了倒乾淨, 死了比活着好.
(살아서 고생하느니, 죽는 게 오히려 깨끗해. 죽어버리는 것이 살아있는 것보다 낫지.)

....

受苦~ 고생하다　　乾淨~ 깨끗하다

■ 你怎麽喝起酒來啦?
- 我是自己給自己祝壽哪.

　　(어찌 술을 마시기 시작했어요?
- 난 스스로에게 생일축하를 하고 있다.)

....

祝壽~ 생일을 축하하다

■ 你也眞蠢, 懷孕那種事, 假裝能假得了幾天?
(당신도 참 어리석군요. 임신이란 일인데 거짓말로 날조하면 얼마나 오래간다고 그랬어요?)

....

蠢~ 어리석다　　假裝~ 거짓으로 척하다　　假得了~ 거짓으로 통하다

■ 虛情假意的, 哪那個女人送給你的?
(가식적인 정이 있는 척하지 마, 어느 여자가 준건데?)

....

虛情假意~ 가식적인 마음

│그림 55│ 비포와의 술자리

- 叫她鬧, 要她出丑就出個够, 看她以後怎麽見人.
  (소란을 피우게 둬. 스스로 마음껏 추태를 부리게 놓아 둬. 앞으로 어떻게 사람들을 대할는지 보자구.)

出丑~ 망신을 당하다, 추태를 보이다

│그림 56│ 취해 소란을 피우는 송련

■ 幸虧你昨天跟給我說了這件事情, 不然, 還不知要出多大亂子呢!

(다행히 네가 어제 내게 그 일을 말해줬지, 그렇잖으면 얼마나 큰 난이 일어날지 몰라.)

....

幸虧~ 다행히   出亂子~ 난이 발생하다

┃그림 57 ┃ 매산의 밀애현장을 밀고한 탁운

■ 四太太你昨天喝醉了, 說三太太要去會相好, 當時連我也嚇了一跳.

(넷째 마님이 어제 술에 취해 말씀하시길, 셋째 마님이 애인을 만나러 갈 것이라고 했어요. 당시 저도 얼마나 놀랐는지 몰라요.)

....

會~만나다   相好~애인   嚇了一跳~ 깜작놀라다

▌그림 58 ▌ 자신의 취중 과실을 안 송련

- 我說的? 會是我說的?
  (내가 말했다구? 내가 말했을 거라구?)

  ....

  會是~ 일 것이다

▌그림 59 ▌ 매산의 죽음을 목격한 송련

- 你們殺人!
  - 你瘋了, 你什麼也沒看見.
    (당신들이 사람을 죽였어요.
  - 미쳤군, 넌 아무 것도 본 것이 없어.)

瘋~ 미치다

┃그림 60 ┃ 죽은 매산의 집에 켜진 등불

- 三太太的房間燈亮了, 她陰魂不散, 鬧鬼啦!
  (셋째 마님 방에 불이 켜졌어, 그녀 원혼이 나타났어, 귀신이 나타났어!)

陰魂不散~ 원혼이 사라지지 않고 인간 세상에 남아있음
鬧鬼~ 귀신이 나타나다

- 那個女人是誰啊?
  - 以前的四太太, 腦子有毛病了.
    (저 사람은 누구죠?

- 옛날의 넷째 부인인데요, 정신에 이상이 있어요.)

....

腦子~ 뇌, 정신

5. 영화 속 문화풍경

┃그림 61 ┃ "喬家大院" 遠景

┃그림 62 ┃ "홍등"의 내부 촬영지 "喬家大院"

"교가대원(喬家大院)"은 산서성(山西省) 기현(祈縣) 교가보촌(喬家堡村)에 위치한(북으로 태원(太原)과 54 킬로 떨어짐.) 청대 북방의 독특한 건축양식을 대표하는 곳이다. 교가대원은 "재중당(在中堂)"으로도 불러지는데, 청대 전국적으로 명성이 높은 상업금융 자본가였던 교치용(喬致庸)의 저택이다. 청대 건륭 연간에 처음 지어진 후로 두 번에 걸친 보수작업과 한 번의 확장공사를 거치면서 민국 초기에 지금의 모습으로 완성되었다.

북경에는 고궁(故宮)이 있고 서안에는 병마용(兵馬俑)이 있는 것처럼 산서성 기현에는 이런 민택(民宅)들이 수없이 많은데, 교가대원은 이들 민택 중앙부에 위치한 그 가운데 가장 빼어난 건축물이다. 이런 뛰어난 경관으로 인해 "홍등"을 비롯하여 "교가대원(喬家大院)", "창진원표호(昌晉源票號)" 등 사십여 편의 영화와 연속극의 촬영지가 되기도 하였다.

건축면적 3870 평방미터의 웅장한 장관을 자랑하는 교가대원의 건축구조는 높은 누각에서부터 아래의 후원을 내려다보는 모습을 하고 있어 길상의 뜻을 의미하는 "喜"자의 형태를 지니고 있다. 그 설계의 정교함과 공예의 세밀함으로 인해 건축전문가들은 이를 중국북방 민간 건축물의 백미라고 칭하며, 참관인들 사이에서도 "황가에는 고궁이 있고, 민택에는 교가가 있다(皇家有故宮, 民宅有喬家)"라는 말이 생겨날 정도다.

■ 후기

　모든 외국어가 그러하듯 중국어를 잘 하려면 많은 단어와 문장을 암기해야 한다. 그렇다고 사전을 펼쳐놓고 처음부터 하나하나 외울 수는 없다. 중국 영화를 통해 중국어를 배우는 것은 중국어를 잘 하기 위한 참좋은 방법이다. 영화 속의 배우가 말하는 대사를 영화 장면을 보면서 듣고 따라하고, 또 그것을 외우면 무의미하게 기계적으로 암기하는 것보다 훨씬 효과적이기 때문이다.

　요즘 중국 문화에 대한 관심으로 대학교 내의 중국학과나 중어중문학과 등의 교과과정에는 꼭 중국 문화를 가르치고 있다. 중국 문화의 일환으로 중국 영화에 대한 관심도 점점 높아지고 있는 실정이다. 다양한 장르의 중국 영화를 통해 중국 문화를 이해하는 것은 중국학의 아주 중요한 영역이 되었다. 그러나 가장 이상적인 것은 중국 영화를 통해 중국 문화를 이해하는 동시에 중국어도 같이 병행하여 공부하는 것이라고 할 수 있다.

　중국 영화를 통해 중국어와 중국 문화를 동시에 교습하는 일은 매우 효과적인 방법이지만 중국어를 처음 배우는 초보자나 중국어 실력이 어느 정도 수준에 미치지 못하면 결코 효과적이라고는 볼 수가 없다. 본 교재는 적어도 중국어 실력이 중급 이상인 중문과 3학년 이상의 학생들이 영화 시청과 함께 이용되어져야 한다고 본다. 중국어 초보자들에게 영화를 보여주면서 중국어를 가르치는 일은 가르치는 교사나 배우는 학생이나 모두 매우 지루하고 힘든 일이다. 그렇다고 영화의 한 부분만을 가지고 몇 시간에 걸쳐 반복하여 보고 듣고 읽는 것도 좋은 방법이 아니다.

　본 교재는 한 편의 영화를 스토리의 전개에 따라 세 단락으로 나누어 설명하고 있으며, 또 각 단락이 시작되기 전에 각 단락의 줄거리 내용에 대해서도 언급하고 있다. 이로 인해 학습자들은 한 편의 영화를 단락별로 체계적으로 용이하게 접근하여 이해할 수가 있을 것이다. 또 이 책에서는 영화 속의 대사 외에 굳이 다른 예문들을 예시하여 명기하지 않았다. 영화 속의 대사만이라도 확실히 외우면 족하기에 예문들을 통해 학습자들에게 부담감을 주고 싶지 않은 까닭이다. 모쪼록 이 한 권의 작은 책이 장예모 영화에 대한 흥미와 관심을 유발함은 물론 중국어를 배우고자 하는 이들의 실력 향상에 조그마한 도움이 되기를 바라는 마음이다.

최병규 씀